"瞻前顾后"看世界书系

总策划/陈秋途　主编/于洪君　执行主编/胡昊

后"9·11"时代
美国和土耳其关系研究

STUDY ON U.S. - TURKISH RELATIONS
IN THE POST - 9.11 ERA

郑东超　著

社会科学文献出版社
SOCIAL SCIENCES ACADEMIC PRESS (CHINA)

总序一　冷眼看世界，疑义相与析

于洪君*

世界是丰富多彩的，也是变化莫测的。不同的人眼中，有不同的世界。一个人在不同时期对于同一件事情的思考，常常也大有不同。当人们习惯于用一种视角进行观察、用一种逻辑进行思考时，常常会陷入认识误区，导致迷茫不清甚至是大惑不解的思想困境。而这时，换一个视角和思路，也许就会豁然开朗，茅塞顿开。对于一些曾经震惊世界的重大事件，也许还有新的认识和解读。透过某些"非同寻常"或"突如其来"的意外变故，甚至会发现背后隐藏着的特殊规律。因此，观察和研究国际问题，新的视角和思路显得尤为重要。这套丛书就是新视角的集合。丛书向读者讲述了大国博弈的政治生态，揭示了全球经济的波动曲线，描绘了全球化时代两个主义、两种制度的相互关系以及东西方之间、南北方之间力量对比的深刻变化。总而言之，作者在比较和分析中得出判断，揭示启示，形成具有可操作性的建议；在回顾和展望中承前启后，继往开来，洞观世界风云变幻。

丛书分为《剧变中的国际关系与政党情势》《莫洛托夫与第二次世界大战前后的苏联外交评述》《东亚主权观念：生成方式与秩序意涵》《二战后德国社会民主党的改革》《后"9·11"时代美国和土耳其关系研究》。通过这些比较性研究，作者们对冷战时期形成的"五大力量中心"即美国、西欧、日本、俄罗斯和中国进行了多角

---

* 于洪君，前中国驻乌兹别克斯坦大使、中联部原副部长，现为第十二届全国政协外事委员会成员、中国人民争取和平与裁军协会副会长。

度、全方位的观察和分析，在政治、经济、外交、安全等多个方面为中国走向历史舞台提供方案。

本丛书作者在进行分类研究的过程中，着力挖掘中国提升治理能力的路径和方法。他们通过介绍重大国际关系发展的成败得失，给读者提供了观察当今国际关系和国际秩序的方法，通过对国际格局变化的把握和分析，使读者更加理性地看待中国在走向世界舞台中心的过程中将长期面临的种种挑战与机遇。

在《剧变中的国际关系与政党情势》中，作者以历史回眸、世情纵论、政党观察、思潮点评和外交探析为单元，系统地回顾了苏联解体以来世界政治、经济、思潮及国际格局的变化，分析了包括西亚北非在内的一些地区局势持续动荡的主要原因，特别是世界社会主义思潮发展的历史和动向，最后落脚到中国外交，认为中国在多极化进程中异军突起备受关注，但是国家现代化面临许多外部风险和挑战，开创外交新局面是中国和平发展的必然要求，中国独立自主的和平外交大有可为。

《莫洛托夫与第二次世界大战前后的苏联外交评述》一书，着重评述了第二次世界大战前后的苏联外交，这一外交政策的执行者是同一个人，即苏联外交人民委员莫洛托夫。他在1939~1949年，1953~1956年两度出任苏联外长，对当时的国际事务产生了重大影响。本书试图依据近年来解密的各国外交档案，厘清一些历史事实，揭示波诡云谲的外交内幕，并溯源到当今国际乱局。

《东亚主权观念：生成方式与秩序意涵》，是一项理念层面的研究。作者通过纵向的历史梳理和横向的东西对比，考察中西方对"主权"概念的不同理解，分析其对东亚秩序的意涵，并提出重塑东亚价值叙述、推动国际关系进步、推动世界文明包容平衡发展的相关建议。

《二战后德国社会民主党的改革》一书，从德国社会民主党的重要纲领更替、组织嬗变、执政比较、社会经济政策转型、与社会运动之间的关系调整、全球化对政党的影响共六个方面入手，论述德国社会民主党自二战结束以后所经历的挑战以及相应的政策调整和自身发展过程。作者从每个问题自身的内在发展逻辑入手，遵循从抽象到具体、从单一到复杂的顺序，论述了德国社会民主党在改革过程中所展现的政党现代化历程。

《后"9·11"时代美国和土耳其关系研究》一书，重点分析了"9·11"后美国和土耳其两国关系的演变历程。书中指出，"9·11"后美土冷战时期铸就的以北约为依托的同盟关系依旧存在，但同盟基础已显露松动迹象。美国对土耳其的影响力日渐式微，土耳其也难以再现冷战时期对美国的言听计从。两国在反恐问题、伊朗核问题、库尔德问题等许多事务上存在分歧隔阂，尤其是土耳其国内的政治态势，亦非美国所乐见。在此背景下，美土两国作为60余年的盟友，双边关系走势值得认真研究和关注。

本丛书多角度宽领域地展现了国际格局的变幻、新兴国家的崛起，特别是政党政治的发展进程和新时期国际政治生态，为读者认知当今世界和国际关系提供了新的视角。作者们试图通过对政党、政党政治所进行的足够细致与规范的研究，认识和把握政党政治的历史发展脉络；通过对中西政党政治不同特点所进行的比较研究和历史考察，探寻中国特色的政党外交的真谛；通过介绍其他国家各有特点的政党政治发展与改革路径，使读者更好地认识和理解中国共产党的现代化过程，更加深入地理解中国共产党在自身发展的同时，如何与其他国家不同类型的政党开展交流、对话与合作。

另外，这套丛书还是一种特别的思考记录。在信息爆炸的今天，人们往往更喜欢倾听亲历者的讲述，丛书的作者多是有着实际外交实践经验的研究者。他们以回顾影响世界的重大国际事件、追寻世界重要政党的发展历程、研讨新的国际关系理念为切入点，通过研究个别问题为国际关系的发展做出历史标记，同时也记录了自己从事政党对外工作的体会与思考。这本书中的每个主题，都是一段时期内作者对于某一问题的集中关注，它为读者展示的是外交一线工作者的思考路径和图谱，它使人们有可能以多元的、新颖的视角来审视当今世界的政治、经济、安全形势及其发展变化。

  为了化解全球治理中的难题，突破当今世界的发展困境，国际社会期待着"中国方案""中国智慧"和"中国力量"，而要做到这一点，需要勤于思考、勇于担当、敢于实践的人们来共同策划、共同思考和行动。在这方面，本套丛书也许可以给您一些帮助和启迪……

2015 年 11 月 15 日

雅典

总序二　把握国际大势，厘清中国与世界的关系

陈秋途[*]

当今世界正在发生深刻复杂的变化，无论从全球、区域、国家等各层次来看，还是从政治、经济、文化、科技、安全等各领域来看，国际关系中的新要素都在不断涌现，世界秩序也因之增添了新内涵，展现出新特点。与世界总体发展趋势相伴随的，是中国与世界关系的变化。随着综合国力的上升，中国与大国、发展中国家、周边国家的关系出现一些新特点，在国际和地区事务中的作用日益突出，在全球治理中的地位和角色也日益重要。十八大以来，新一届中央领导集体从战略高度和全局角度出发，分别提出构建以合作共赢为核心的新型国际关系，共同、综合、合作、可持续的安全观，亲、诚、惠、容的周边外交理念，真、实、亲、诚的对非工作方针，以及命运共同体、"一带一路"等一系列重要倡议，展现出中国继续走和平发展道路的坚定决心以及中国特色大国外交的博大胸襟。

伟大的时代赋予我们大有可为的舞台，顺势而为地投身于历史潮流，既能服务于国家的发展进步，也能服务于世界的繁荣稳定。作为这一进程的参与者、探索者、实践者和推动者，我们深感使命光荣、责无旁贷！

中华能源基金委员会由中华能源有限公司全资设立，是一家非政

---

[*] 陈秋途，中华能源基金委员会行政总裁。

府、非营利的国际智库，主要从事气候变化、可持续发展、环境经济等方面的研究，积极开展能源、文化等领域的公共外交，在联合国设立了"UN-CEFC能源可持续发展资助大奖"项目，拥有联合国特别咨商地位。中华能源基金委员会与当代世界研究中心建立了良好的合作关系，两家机构共同举办的"2013当代世界多边对话会：未来十年全球发展趋势与中国"，在增进外国专家学者对中国了解、把脉世界发展趋势、推动中国与世界良性互动方面发挥了积极作用，取得了良好效果。

我们认为，准确把握世界发展趋势，深入认识中国与世界关系的变化，需要历史的纵向观察，需要现实的横向比较，需要理论的多维思辨，需要案例的精剖细解。只有从多个维度观察、研究和思考世界大势，才能超越现象层面，深入理解国际关系的运行机理和内在本质。为此，我们联合推出这一系列丛书，力求帮助读者增进对国际关系历史、现实和未来的理解和感悟。

《剧变中的国际关系与政党情势》系统地回顾了冷战后世界政治、经济及国际格局的变化，剖析了当前世界热点问题的肇因以及社会思潮的发展动向，分析了新时期中国外交的机遇和挑战，并展望了中国独立自主和平外交的前景。《莫洛托夫与第二次世界大战前后的苏联外交评述》以两度（1939~1949年，1953~1956年）担任苏联外长的莫洛托夫为切入点，依据近年来解密的外交档案，厘清了苏联外交的一些重要历史事实和外交内幕，并反思了其对当今国际格局的塑造作用。《东亚主权观念：生成方式与秩序意涵》追溯了东亚地区主权观念的古代渊源、近代衍生和现代特征，剖析了"主权"概念在东亚政治语境中的独特含义及其对当前东亚地区秩序的影响。《二战后德国社会民主党的改革》分析了二战结束以来德国社会民主党的发展成就和主要挑战，强调其要通过不断改革，在政党发展理论、政党组织建设、执政政策方略以及意识形态特色中寻找新的平衡。《后"9·11"时代美国和土耳其关系研究》分析了"9·11"恐怖袭击以来美国和土耳其关系的演变历程，认为尽管美土在一些地区问题上存在分歧,但两国冷战时期建立的同盟关系并未发生根本性变化。

丛书中有的是作者多年从事外事工作过程中的一些思考,有的是作者的博士论文,我们并不追求各册之间严格的内在逻辑,但求让读者在不同视角、不同领域的叙述中感受国际关系的惊涛骇浪或暗流涌动。相信这套丛书对您认识当今世界与中国会有所裨益。

2015 年 11 月 15 日
上海

目 录

引 言 ··· 1
  一 本书的选题原因和意义 ·· 1
  二 国内外学术研究现状 ··· 5
  三 研究方法、创新点、难点、不足之处及结论 ············ 14

第一章 冷战结束至"9·11"前美土关系的发展历程 ·········· 15
  第一节 冷战结束后美土两国所面临的国际战略环境 ········ 15
    一 美国对冷战后国际战略环境的评估和认知 ············ 15
    二 冷战后土耳其国家安全战略观念的变化 ··············· 18
    三 冷战后国际战略环境变化对美土关系的影响 ········ 22
  第二节 冷战结束后美土关系进入过渡期 ························· 24
    一 冷战后美国对土耳其的重新评估 ·························· 24
    二 冷战后土耳其的对美政策 ···································· 26
    三 海湾战争对美土同盟关系的影响 ·························· 28

第三节　冷战结束后美土关系进入平稳期 …………………… 31
　　一　美国和土耳其的全方位交往 ………………………… 31
　　二　美土战略伙伴关系的建立 …………………………… 33
　小　结 ……………………………………………………… 34

第二章　"9·11"事件背景下的美土关系 ………………… 37
第一节　"9·11"事件对美国全球战略的影响与美土关系 …… 37
　　一　"9·11"事件后美国对全球威胁的重新界定 ………… 37
　　二　"9·11"事件对美国全球战略的影响 ……………… 38
　　三　"9·11"事件后土耳其在美国新战略中的作用 …… 41
第二节　伊拉克战争对美土关系的冲击 ……………………… 45
　　一　美国发动伊拉克战争的动机 ………………………… 45
　　二　美土对伊战认知的分歧 ……………………………… 47
　小　结 ……………………………………………………… 50

第三章　伊战后美土关系的新发展 ………………………… 53
第一节　伊战后的美土关系 …………………………………… 53
　　一　伊战后美国和土耳其面临的问题 …………………… 53
　　二　伊战后美国和土耳其之间存在的分歧和争端 ……… 56
　　三　土耳其外交转型 ……………………………………… 59
第二节　对后伊战时代美国和土耳其同盟关系的认知 ……… 63
　　一　美国国内出现"丢失土耳其论"和"土耳其战略
　　　　东移论" …………………………………………… 64
　　二　伊战后美土间的相互定位和审视 …………………… 68

第三节 奥巴马政府对土耳其的政策 …………………………… 73
一 奥巴马政府修复与土耳其的关系 ………………………… 73
二 阿拉伯之春背景下的美土关系 …………………………… 76
小 结 ……………………………………………………………… 79

第四章 后"9·11"时代影响美土关系的因素 …………………… 82
第一节 影响美土关系的美方因素 …………………………… 82
一 美国国会对美土关系的影响 ……………………………… 82
二 美国的人权观和美土同盟关系 …………………………… 84
第二节 影响美土关系的土方因素 …………………………… 86
一 土耳其政治伊斯兰主义 …………………………………… 87
二 土耳其的反美主义 ………………………………………… 90
三 土耳其的库尔德问题 ……………………………………… 92
第三节 影响美土同盟关系的第三方因素 …………………… 94
一 伊朗核问题 ………………………………………………… 94
二 俄罗斯因素 ………………………………………………… 103
三 以色列因素 ………………………………………………… 105
四 欧盟因素 …………………………………………………… 108
小 结 ……………………………………………………………… 112

第五章 美土关系发展的未来走向及影响因素 …………………… 114
第一节 影响未来美土关系发展的因素 ……………………… 114
一 以往影响美土关系因素的新进展 ………………………… 114
二 影响未来美土关系的新因素 ……………………………… 120

第二节　美土关系未来的发展走势…………………………… 123

结束语…………………………………………………………………… 127

　　一　如何认知"9·11"事件后的美土关系………………… 127

　　二　美土关系对中土关系的启示…………………………… 133

参考文献………………………………………………………………… 141

引 言

一 本书的选题原因和意义

从宏观视角看，本书研究的是美国与中等国家之间的关系。当前，学术界对美国与中等国家间关系的关注度较小，不及美国与大国间关系的关注度高。尽管美国与其他大国的关系是国际社会中重要的双边关系，但也不能代替美国与中等国家的关系，顾大失小的研究方法不足以全面厘清美国的外交政策和战略。中等国家的政治、经济、军事实力相对较弱，但对美国制定区域战略具有至关重要的作用，其中的一些国家甚至可能影响到美国的外交战略。因此，研究美国与中等国家的关系具有重要意义。本书研究的美国与土耳其关系属于此类范畴。

本书选择"9·11"事件后的美土关系为研究对象，原因有三。

第一，土耳其具有特殊的地缘战略位置。它地处亚、非、欧三洲结合部，南临伊拉克、伊朗和叙利亚中东三国，北靠俄罗斯，控制着世界上最重要的海上通道之一——黑海海峡。美国在土耳其周边地区拥有许多重要的安全、能源、意识形态等方面的利益，有的甚至涉及美国的核心利益。从地缘战略角度看，土耳其对美国的中东战略和欧亚战略有至关重要的作用。

第二，美土关系有丰富的内涵。美国世界强国的地位，加之土耳其重要的地缘战略位置，决定了美国和土耳其关系涵盖内容广泛。一是同盟关系。以1952年土耳其加入北约为标志，美国和土耳其建立了军事同盟关系，土耳其成为美国在中东地区的"桥头堡"和"前沿阵地"，两国关系迅速升温。在整个冷战时期，土耳其作为美国的忠实盟友，实行追随美国的外交政策，尽管期间两国由于古巴导弹危机①、塞浦路斯危机②等龃龉不断，但同盟的底色并未有变动。冷战结束后，随着国际环境的变化，两国调适外交政策，基本上延续了同盟关系。二是美土关系涉及很多地区事务。上文提及土耳其具有重要的地缘位置，美国不仅在双边维度上发展与土耳其的关系，并且还从区域的角度，发展与土耳其的关系。因为在很多地区事务上，美国需要土耳其的协助。三是冷战结束后，美土关系出现起伏。苏联解体后，土耳其安全威胁系数降低，紧跟美国外交的政策有所松动，这直接影响了美土关系。并且，美土两国在库尔德、亚美尼亚大屠杀等问题上存有分歧，这也冲击着美土同盟关系。因此，半个多世纪的美土同盟关系不是一片坦途，矛盾和分歧也是两国关系的组成部分。从该角度看，美土关系具有很大的研究空间。

第三，"9·11"事件以及由此引发的连锁效应，对美土关系造成较大冲击。在笔者看来，"9·11"事件后美土关系开始转型，该转型并不是指两国关系发生根本性逆转，而是指同盟关系基础发生变化，完全按照冷战时期的同盟思路，难以寻摸美土关系的实质。由于历史的惯性，冷战结束后十年，美土关系在原定轨道上并未出现大的变动。但进入21世纪，特别是"9·11"事件后，国际格局发生巨大变化，恐怖袭击打乱了美国的既定外交战略，战略重点转

---

① 1962年，美苏两国爆发古巴导弹危机。美国肯尼迪政府为了让苏联撤出部署在古巴的导弹，以撤出在土耳其的"丘比特"导弹为交易筹码，引起土耳其国内极大震动。

② 1964年，塞浦路斯危机爆发，希腊和土耳其因支持不同的族系派别而对立，土耳其出兵塞浦路斯，支持塞浦路斯的土耳其人。时任美国总统约翰逊致信当时的土耳其总统杰马勒·古尔塞勒，明确指出："美国不允许土耳其用美国援助的武器干预塞浦路斯危机，如果由此而引发苏联插手，美国及北约将不会支持土耳其。"

移至反恐领域。由于土耳其不是反恐的直接攸关方，在美国外交优先顺序上并不靠前，但其周边地区是美国反恐的主战场，土耳其在美国反恐战略中仍有一席之地。2002年正义与发展党（以下简称正发党）开始执政，土耳其奉行全方位、多维度的外交政策，对亲西方的外交政策进行调整。在这一系列新变化的基础上，美土同盟关系进入新一轮的磨合期和适应期，其中两国关系的辗转腾挪，有一定的研究价值。

研究后"9·11"时代的美土关系，无论对加深了解美土关系的发展轨迹和特点，还是对研究美国与中等国家的关系，均有一定意义。

第一，对研究以土耳其为代表的中等新兴国家崛起对美国的影响具有一定意义。进入21世纪以来，新兴国家崛起对传统国际政治和经济格局造成了巨大冲击，以"金砖国家"、"展望五国"为代表的新兴国家迅猛发展，远超美西方发达国家的经济增速。2000年至2008年，这些新兴国家的GDP总量占全球的比重从11%上升至15.7%，而西方七国的比重从77%下降至55.8%。[①] 美国著名政治家基辛格认为：当今世界，俄罗斯、中国、印度、巴西和土耳其等地区国家将统治弱小邻国，并将塑造新的权力平衡体系。[②] 西方主导下的国际政治和经济秩序在新兴国家的崛起下开始动摇，从哥本哈根气候变化峰会、八国集团向二十国集团的过渡等所反映的态势看，新兴国家力量不可小觑。金融危机以来，中等国家在攻坚克难上表现出西方发达国家缺少的活力和恢复力，印度、巴西和土耳其等新兴国家不断崛起，一定程度上限制了美国影响世界的能力。面对着新兴国家的崛起和国际力量的转移，美国需要正视新兴国家的挑战。冷战结束时，美国所希望的单极时代并未如期而至。相反，多极化趋势愈发明显。

---

① 高祖贵、魏宗磊、刘钰：《新兴经济体的崛起及其影响》，《国际资料信息》2009年第8期，第1页。

② 亨利·基辛格：《美中须在关键问题上持续合作》，《参考消息》2011年1月4日。

在这种情况下，将土耳其作为中等国家的代表，研究其与美国的双边关系，具有一定的时代意义。

第二，研究美土关系对认识美国的同盟战略具有重要意义。美国著名的地缘政治学家布热津斯基曾言："美国在全球至高无上的地位是由一个的确覆盖全球的同盟和联盟所组成的精细体系支撑的。"① 同盟是美国维护全球领导地位的重要抓手，也是美国弥补自身综合国力和维护霸权野心所需实力落差的补救手段。正如2010年美国国务院发布的《国家安全战略报告》指出的，美国和全球的安全基础将仍是美国与盟友的关系，是美国对盟友做出的不可动摇的安全承诺。这种关系必须不断得到呵护，因为它们不仅对美国和其他国家安全利益必不可少，而且也是美国维护集体安全的基础。美国将继续捍卫盟友安全利益，提升应对新旧威胁的能力，将继续与旧盟友和新伙伴保持密切磋商，扩大合作范围，实现共同目标。② 但美国在不同时期、不同的战略点，对盟友的政策不尽相同。土耳其作为地跨亚欧两洲的国家，其周边大都是对美国至关重要的区域。美土同盟关系不仅是涵盖双边同盟的关系，并且还可映射出美国在中东、中亚和欧洲地区的战略部署。

第三，通过研究美土关系，对中国处理中美土三边关系有一定启示。笔者并不对土耳其对中美关系的影响进行研究，而将重点聚焦在影响中土关系的美国因素上。土耳其特殊的地缘位置对我国具有重要意义，处理好与土耳其的关系，对维护我国在中东的能源、经济甚至安全利益具有重要意义。并且，土耳其在2010年邀请我国参加了"安纳托利亚之鹰"的军事演习，这是迄今为止与中国进行联合军演的唯一北约国家。此类演习按惯例是土耳其联合北约盟国的演习，邀请中国体现出土耳其希望进一步发展与中国的关系。但土耳其的举措

---

① 〔美〕兹比格纽·布热津斯基：《大棋局：美国的首要地位及其地缘战略》，中国国际问题研究所译，上海人民出版社，2007，第23页。

② State Department of the United States, *National Security Strategy*, May, 2010. http://www.whitehouse.gov/sites/default/files/rss.../national_security_strategy.pdf.

招致美国的不满，这影响中土关系的深入发展。因此，研究美土关系对中国如何处理与土耳其的关系具有启示意义。

二 国内外学术研究现状

进入21世纪，尤其是"9·11"事件后，美国国防部和国务院发布了一系列重要文件和报告，这为研究美土关系提供了宝贵的一手资料。美国和土耳其国内重要的报纸和网站也为研究双边关系提供了有益资料，学术界的研究也有了一定的成果。现汇总如下：

（一）国内研究现状

我国学界对美土关系的研究不是特别多，有关美土关系的专著寥若辰星，多数相关研究散见于美国外交或国际关系著作中。即使提及也是点到为止，或仅作为研究主题的背景资料，深入探讨美土关系的学术成果并不多见。

根据笔者掌握的资料，我国国内专门研究美土关系的专著有一本，即《土耳其与美国关系研究》。[①] 书中运用大量的美国解密档案和翔实资料对二战至伊拉克战争期间的美土关系进行了概述，清晰梳理了双边关系的演变过程，对影响双边关系的各种因素、存在的主要问题和发展前景进行了分析与探讨。在研究美国和中东国家关系以及中东国家间关系的专著中，大都涉及关于土耳其外交关系的分析。其中《美国中东关系史》是较早的专著，[②] 作者从历史的角度对冷战期间美国和中东国家的关系进行了分析，美国和土耳其关系是本书的重要部分之一，书中对美国在冷战初期积极拉拢土耳其进入西方阵营，20世纪六七十年代美土矛盾进行了翔实阐述，这为研究当今美土关系做了很好的历史积累。研究冷战期间海湾国家间关系的专著，也对研究美土关系具有很好的参考价值，在此不做赘述。[③]

---

① 肖宪、伍庆玲、吴磊：《土耳其与美国关系研究》，时事出版社，2006。
② 张士智、赵慧杰：《美国中东关系史》，中国社会科学出版社，1993。
③ 这类专著有：李春放：《伊朗危机与冷战的起源》，社会科学文献出版社，2001。赵学功：《十月风云：古巴导弹危机研究》，天津人民出版社，2009。

另外，研究冷战后中东国家关系的著作也涉及美土关系。《冷战后海湾地区国际关系》就是其中之一。① 该书认为，冷战结束，苏联解体，美国利用土耳其遏制苏联的作用不复存在。但美国在中东地区的利益仍在，美国与中东地区伊斯兰激进主义的矛盾仍在，土耳其可为美国实现中东战略利益贡献新的力量。在《美国与"大中东"》《全球变局美国与伊拉克》《冷战后美国的中东政策》《美国与伊斯兰世界》《中东问题与美国中东政策》等专著中，② 也有美国对土耳其政策只言片语的介绍。

在研究土耳其政治思想的著作中，《东方民族主义思潮》具有参考意义。③ 该书阐述了凯末尔主义对土耳其传统外交的影响，该思想弥补了奥斯曼帝国解体后土耳其缺失的精神和意识形态，开始了共和国的发展历程。有关这方面的专著还有《中东国家民主化问题研究》、《当代中东政治伊斯兰：观察与思考》等。④

在论文方面，我国对这方面的研究也取得了一定的成果，这些成果主要从以下两个视角进行研究。一是专门研究美土关系的，这类文章的特点是以一个事件或理论为切入点。如《从伊拉克战争看土耳其与美国的关系》一文，⑤ 以伊战中土耳其拒绝美国在其境内开辟北方战线为着眼点，分析美土同盟关系出现了裂痕，但随着后萨达姆时代土耳其愿与美国合作重建伊拉克，美土之间互有所求，作者得出结论，具有50余年历史的美土同盟关系不会因一些裂痕和分歧而发生根本变化。《美国对土耳其和伊拉克边境危机的对策》同样是以伊战

---

① 刘月琴：《冷战后海湾地区国际关系》，社会科学文献出版社，2002。
② 安维华、钱雪梅：《美国与"大中东"》，世界知识出版社，2006。高祖贵：《全球变局美国与伊拉克》，时事出版社，2003。高祖贵：《冷战后美国的中东政策》，中共中央党校出版社，2001。高祖贵：《美国与伊斯兰世界》，时事出版社，2005。赵伟明：《中东问题与美国中东政策》，时事出版社，2006。
③ 彭树智：《东方民族主义思潮》，西北大学出版社，1992。
④ 王林聪：《中东国家民主化问题研究》，中国社会科学出版社，2007。曲洪：《当代中东政治伊斯兰：观察与思考》，中国社会科学出版社，2001。
⑤ 章波：《从伊拉克战争看土耳其与美国的关系》，《西亚非洲》2003年第4期。

为线索,①对土耳其越境打击伊拉克库尔德人以及美国的反应进行分析,认为美国试图在维持伊拉克稳定、保护伊拉克北部库尔德人和帮助土耳其解决库尔德问题上寻求平衡。汪波在《伊拉克战争前后土耳其与美国、欧盟关系的发展变化》一文中指出,②伊战中,美土之间出现隔阂,导致美土关系和欧土关系内在的相互促进关系被打破。伊战后,土耳其努力修复与美国的裂痕,通过美土关系与欧土关系的相互促进,推动加快土加入欧盟的进程。《土耳其欧盟之路中的美国因素》从土耳其加入欧盟的视角,③分析了美国对土耳其加入欧盟的态度。文章认为土耳其加入欧盟仍旧是未知数,但美国对土耳其加入欧盟持支持的态度,这反而加深了欧盟对土耳其申请入盟的疑虑。另外,国内也有论文从库尔德问题方面阐释美土关系,在《美国与土耳其在伊拉克库尔德问题上的分歧与矛盾》一文中,④作者认为,海湾战争已为美土两国在伊战中的矛盾埋下伏笔。伊战后,伊拉克北部问题成为美土关系的新症结,成为影响双边关系的重要因素。

  第二个视角是从土耳其外交的角度分析美土关系。在《伊拉克战争后的土耳其外交》一文中提到,⑤伊战并未削弱土耳其在美国对外战略中的地位和作用,土耳其是美国在中东地区的战略盟友,美土之间共同利益大于矛盾。闫云丽在《伊拉克战争对土耳其的影响》一文中,⑥详细分析了伊战对土耳其经济、外交的影响,她认为伊战冲击了土耳其的经济,同时给美土关系造成裂痕。

---

① 章波:《美国对土耳其和伊拉克边境危机的对策》,《西亚非洲》2008年第6期。
② 汪波:《伊拉克战争前后土耳其与美国、欧盟关系的发展变化》,《西亚非洲》2006年第1期。
③ 谢先泽、石坚:《土耳其欧盟之路中的美国因素》,《西南民族大学学报》(人文社会科学版)2006年第6期。
④ 刘云:《美国与土耳其在伊拉克库尔德问题上的分歧与矛盾》,《河西学院学报》2007年第1期。
⑤ 董漫远:《伊拉克战争后的土耳其外交》,《国际问题研究》2003年第4期。
⑥ 闫云丽:《伊拉克战争对土耳其的影响》,《陕西师范大学学报》(人文社会科学版)2007年第7期。

通过以上对国内有关美土关系研究成果的简单梳理我们可以看出,我国对美土关系的研究相当薄弱,或是通过国际关系通史的形式将两国关系进行概括梳理,或是分散在相关的国际关系专著中,对美土关系细致研究非常少见,因此难以在微观层面上洞窥美土关系的内涵和特点。除此之外研究视角狭窄,大都集中在伊战、库尔德问题,研究广度和深度有限。

(二) 国外研究现状

国外学界对美土关系研究的学术成果相对比较丰富,尤其是美土学者对两国之间的关系倍加关注,呈现出研究角度多样、独特,方法各异、新颖的特点,现就近些年国外有关这方面的研究成果做简要概述。

在《美国和土耳其:患难盟友》一书中,[①] 作者分析了美土关系的演变,并研究了中东地区持续不断的危机、塞浦路斯问题给美土关系造成的影响。书中重点阐述了土耳其的库尔德问题、伊斯兰主义的崛起、军队干政以及经济增长的前景等,这些问题对土耳其制定对美政策有重大影响。在《美土关系:过去、现在和未来》一书中,[②] 作者首先对冷战时期的美土关系进行了阐述,随后分析了后冷战时代美国和土耳其利益的分歧点和共同点,重点分析了美国的里海石油政策对美土关系的影响,最后作者认为应该对"9·11"事件后美国对土耳其的外交政策进行重新定义。《1947~2003年的美土关系:独特同盟的历史》分析了美土同盟的性质、特征和整体趋势,本书特别探究了土耳其到底是否为美国的卫星国,并最终得出否定的答案。《美土关系:从安卡拉的视角》[③] 一书从土耳其平民、商人、媒体、劳工

[①] Morton Abramowitz, *The United States and Turkey: Allies in Need*, New York: Century Foundation Press, 2003.

[②] Aydin, Mustafa, *Turkish-American Relations: Past, Present and Future*, London: Routledge, 2004.

[③] Ralph H. Salmi, Gonca Bayraktar Durgun, *Turkish-U. S. Relations: Perspective from Ankara*, Brown Walker Press, 2005.

组织、军事、官僚机构、教育等角度对美土关系的影响进行了翔实探析。《土耳其外交政策中的塞浦路斯问题和美土关系（1959～2003）》① 一书阐述了塞浦路斯问题的演变过程以及美国干预塞浦路斯问题的始末，作者认为塞浦路斯问题成为美国处理与土耳其、希腊两国关系的棘手问题，美国在不同时期，对塞浦路斯问题的立场前后不一，影响了美土关系。

在论文方面，按照研究视角的不同大体可以分为两大类，一是直接研究美土关系的论文，主要从美国的角度进行分析和研究，现对比较具有代表性的论文进行介绍。冷战结束后至"9·11"事件期间的文章，比较典型的是艾卡维·埃沙纳索伊欧的《冷战后的美土关系》，② 文章主要论述了老布什政府、克林顿政府对土耳其政策的初衷。文章认为，这两届政府一直希望土耳其脱亚入欧，实现欧洲身份，推动土耳其融入西方，以此削弱土耳其社会和经济的伊斯兰倾向。文章提出了冷战后影响美土关系的三个因素，即美国在中东、巴尔干和高加索地区的防御政策和安全战略的变革；土耳其外交政策与实现美国利益的契合度；土耳其的经济发展和政治稳定。该文章在发表时，"9·11"事件尚未发生，因此文章按照美土关系的正常发展轨迹进行了论述，这为研究后"9·11"时代美土关系的发展做了很好的铺垫，也为研究"9·11"事件后美土关系的变与不变提供很好的参照。"9·11"事件后，国外学界对于美土关系的研究有以下几篇文章值得关注，美国前驻土耳其大使马克·帕里斯在2003年曾撰文《重新开始：后伊战时代的美土关系》。③ 文章认为，伊拉克战争是美土关系的转折点，战争的爆发激活了美土之间在伊拉克问题、库

---

① Uslu, Nasuh, *The Cyprus Question as an Issue of Turkish Foreign Policy and Turkish-American Relations*, 1959—2003, New York: Nova Science Publishers, 2003.

② Ekavi Athanassopoulou, "American-Turkish Relations since the End of the Cold War," *Middle East Policy*, Vol. 8, No. 3, Sep. 2001.

③ Mark R. Parris, "Starting over: US-Turkish in the Post-Iraq War Era," *Turkish Policy Quarterly*, Vol. 2, No. 1, Spring, 2003.

尔德问题上的矛盾。但必须认清的是，美土同盟的基础已发生变化，这加速了两国战略伙伴关系的转型。美国学者伊恩·赖斯勒以地缘政治为切入点，提出了美土关系现存的问题，以及未来如何发展的看法。在这篇名为《土耳其、美国和地缘政治的错觉》的文章中，① 他认为美土双边关系的关键不在于土耳其重要的地缘战略位置，而在于土耳其的行为，以及美土之间的政策是否相契合。他进一步指出，冷战结束后，美土并没有对冷战时期所遗留下来的关系重新评估。因此，进入21世纪后，尤其是伊战后两国问题不断。他同时列出在新国际战略环境下，影响土耳其制定对美政策的三个因素，即土耳其的公众舆论、欧土关系的发展变化、冷战结束后土耳其采取积极的外交政策。文章同时指出，"9·11"事件后，美国调整外交和安全政策，对土耳其的看法发生变化。最后文章指出，仅在美土双边范围内维持战略伙伴关系非常困难，未来双边关系应置于跨大西洋合作框架下。

对"9·11"事件以来美土关系的反思，比较典型的文章有两篇，分别是《重新审视美土同盟》和《被忽视的同盟：修复美土关系以迎接21世纪的挑战》。② 前文首先肯定了美国应该强调在新时代与土耳其的共同利益；其次指出美土之间确实存在不利因素，包括土耳其国内政治以凯末尔主义为指导思想的世俗派和以伊斯兰主义为圭臬的宗教派之间的博弈，美土之间的权力不对称以及两国缺少危及安全的共同威胁。后文认为，美土关系处于十字路口，考虑到美土拥有共同利益——打击恐怖主义、稳定伊拉克和阿富汗、结束伊朗的核野心、维护向西方国家输送能源的管道的安全以及推进中东和平进程，因此美土关系可以修复。文章同时指出，美土之间面临三大问题：中

---

① Ian Lesser, "Turkey, the United States and the Delusion of Geopolitics," *Survival*, Vol. 48, No. 3, Autumn, 2006.
② Joshua W. Walker, "Reexamining the U. S. -Turkish Alliance," *The Washington Quarterly*, Vol. 31, No. 1, Winter 2007. Spencer P. Boyer, Brian Katulis, "The Neglected Alliance: Restoring U. S. -Turkish Relations to Meet 21th Century Challenges," Center for American Progress, Dec. 2008.

东问题、能源问题和处理与欧洲关系的问题。

西方学术界在"9·11"事件后，开始对美土关系产生怀疑和担忧，出现了"丢失土耳其论"和"土耳其战略东移论"。《美国正在丢失土耳其吗?》是比较具有代表性的文章。[①] 文章认为，美土同盟关系正面临困境，但是双方都不能面对现实，更不用说采取补救措施，如果这种情况继续下去，双方将付出很高的代价。文章给美土两国修复关系提出了建议：承认与土耳其关系恶化的现实；建立高层定期会晤机制；在伊拉克事务中，允许土耳其成为重要参与方；在库尔德问题上美国和土耳其需要相互让步。在《无序的美土同盟》一文中，[②] 作者从海湾战争的教训中寻找土耳其在伊战中不支持美国的历史原因。文章认为，自1991年海湾战争以来，美国在中东的政策对土耳其不利，美国利用联合国对伊拉克实施经济制裁，在地区和国际政治中孤立和遏制伊拉克，以达到推翻萨达姆政权的目的。土耳其经济因制裁受到冲击。在《美土关系：可以恢复到过去吗?》的文章中，[③] 作者对美国丢失土耳其的论调表示否定，他从土耳其角度阐述了原因：一是土耳其并不希望把美国排挤出中东地区；二是土耳其要发挥出中转枢纽地缘位置的作用，需依赖于中东地区的和平稳定，美国是中东地区和平稳定的重要保障。

第二类对美土关系的研究分散在研究土耳其外交政策的文章中。美国是土耳其最重视的国家之一，因此研究土耳其外交，无法绕开对美政策研究。在《土耳其外交政策的范式变革》一文中，[④] 作者对土耳其放弃欧洲价值观的假设表示了否定，认为这种思想在实践中是有

---

① Rajan Menon and S. Enders Wimbush, "Is the United States Losing Turkey?" Hudson Institute, 12 March 2005.

② Michael M. Gunter, "The U. S. -Turkish Alliance in Disrray," *World Affairs*, Vol. 167, No. 3, Winter 2005.

③ Bill Park, "US-Turkish Relations: Can the Future Resemble the Past?" *Defence & Security Analysis*, Vol. 23, No. 1, March 2007.

④ Kemal Koprulu, "Paradigm Shift in Turkey's Foreign Policy," *Brown Journal of World*, Vol. 16, Issue1, Fall/Winter 2009.

缺陷的，不能实现土耳其融入欧洲的目标，也不利于民主价值观在土耳其邻国的传播。美国在中东地区的影响力有所下降，需要加强与土耳其的合作。土耳其本身不具备主导地区事务的综合国力，因此不会轻易放弃与美国的亲密关系。《土耳其的视角：反对美国发动伊战的原因》[1] 从三个角度对土耳其反对美国发动伊战进行分析和总结，这三个角度分别是：政府、军事和公众。政府是国家内外政策的合法制定者和实施者，但是土耳其政府受到反对派掣肘，为政府决策增添了很多不确定因素；军事方面，土耳其不愿将战火烧到境内，因为战争不利于土耳其国内稳定和经济发展；土耳其民众对伊拉克战争非常反感，伊战引起了土耳其大规模的反美主义浪潮。从战略角度分析土耳其外交比较有代表性的是《土耳其的战略模式：神话与现实》，[2] 作者认为近年来土耳其的外交战略已悄然发生变化，其利用国内民主化进程，不仅欲成为西方国家，还希望成为东方国家，外交上不再依附于美国或其他西方国家，实行更为独立的外交政策。但在美国国内，一些人士仍旧希望土耳其继续维持对美国的依赖，依随于美国。《土耳其外交政策的意识形态和务实主义：从阿塔图克到正义与发展党》一文突破意识形态范畴研究土耳其外交政策，[3] 从务实层面对土耳其外交政策进行精辟分析。文章认为以往学者过于重视民主和意识形态在土耳其外交政策中的作用，但是务实的外交精神在现任正发党的外交政策中体现得很明显。任何土耳其政府均不会以破坏与西方国家的关系来寻求改善与中东国家的关系，但是土耳其政府也不会为了讨好西方国家而激化与中东国家的关系。在《抵制土耳其战略转移》一

---

[1] Robert Olson, "Views from Turkey: Reasons for the United States War against Iraq," *Journal of Third World Studies*, Vol. 22, No. 2, Fall 2005.
[2] Graham E. Fuller, "Turkey's Strategic Model: Myths and Realities," *The Washington Quarterly*, Vol. 27, Issue 3, Summer 2004.
[3] Nicholas Danforth, "Ideology and Pragmatism in Turkish Foreign Policy: from Ataturk to the AKP," *Turkish Policy Quarterly*, Vol. 7, No. 3, 2003.

文中,① 作者认为土耳其外交战略正在发生转移,愈来愈加深与伊斯兰世界、俄罗斯等国家的联系,而与美国渐行渐远。

还有其他研究美土关系的成果,在此不再一一陈述。② 需要指出的是,国外对美土关系的研究成果非常丰富,但也存在缺陷。首先是简单重复。其中尤为突出的是"唯地缘政治论",地缘政治几乎在每篇有关美土关系的论文中都有涉及,对此分析不遗余力。地缘政治固然是美国重视土耳其的重要因素,但一味以不变的地缘战略位置框架分析变幻莫测的国际关系,如此"以静制动"的研究方法在学术的路上只能是越走越窄。其次,国外对美土关系的研究有"单行道"的弊病。在研究两国关系时,作者往往或从美国的角度,或从土耳其角度对双边关系进行"拴羊模式"的分析。这种分析模式很难将美土关系的全部内容梳理清楚,同时不能展现美土两国的外交互动。最后,对美土关系尤其是"9·11"事件后的关系,分析得不是很全面,视角过于狭窄。例如,很多文章把伊拉克战争作为美土关系的重要节点,这本身无可厚非。但伊战不是美土关系的全部,库尔德、人权、塞浦路斯、中东、反恐、防核扩散、金融危机等问题,同样是美

---

① Sally McNamara, Ariel Cohen and James Phillips, "Countering Turkey's Strategic Drift," *The Heritage Foundation*, No. 2442, July 26, 2010.

② Bill Park, "Between Europe, the United States and the Middle East: Turkey and European Security in the Wake of the Iraq Crisis," *Perspective on European Politics and Society*, Vol. 5, No. 3, 2004. Gokhan Bacik and Bulent Aras, "Turkey's Inescapable Dilemma: America or Europe," *Turkish Journal of International Relations*, Vol. 3, No. 1, Spring 2004. Mark Parris, "Allergic Partners: Can US-Turkish Relations Be Saved?," *Turkish Policy Quarterly*, Vol. 4, No. 1, Spring 2005. Philip Gordon and Omer Taspinar, "Turkey on the Brink," *The Washington Quarterly*, Vol. 29, No. 3, Summer 2006. Philip Robins, "The Opium Crisis and the Iraq War: Historical Paralleles in Turkey-US Relations," *Mediterranean Politics*, Vol. 12, No. 1, March 2007. Philip H. Gordon, Omer Taspinar, "Winning Turkey: How America, Europe and Turkey Can Revive a Fading Partnership," Brookings Institution Press, 2008. Constantinos Prevelakis, "Euro-Atlantic or Middle Eastern Turkey Seeks a Strategic Compromise," European Strategic Intelligence and Security Center, 28 June, 2010.

土关系的重要组成部分，并且各个问题并非孤立，而是相互联系，相互影响。仅看到美土关系中的伊战因素，而忽视其他问题，无法对美土关系的实质有正确认识。

三 研究方法、创新点、难点、不足之处及结论

本书主要以马克思辩证唯物主义为指针，综合运用历史研究法和比较分析法对美土关系进行研究。在研究过程中，笔者突破学界长期以地缘政治作为研究美土关系框架的束缚，尝试从全方位的视角观察美土关系，透析美土外交互动，揭示双边关系的实质。由于资料有限，本书对文化、经济因素在美土关系中的作用的分析稍显肤浅，希望以后随着对资料的深度挖掘，弥补这一缺憾。经过对"9·11"事件后美土关系的分析和研究，本书得出以下结论：同盟与合作仍是"9·11"事件后美土关系的主流，两国同盟关系与冷战时期相比，内容和性质发生了变化，基础也有不同，不能继续以冷战思维来看待美土同盟关系。否则，难以认清当前美土同盟关系夹杂着不和谐声音的现状。

第一章
冷战结束至"9·11"前美土关系的发展历程

冷战时期，美国和土耳其结为盟国。在当时的国际背景下，两国各取所需，美国为土耳其提供安全保证，防止苏联入侵土耳其。而土耳其是美国遏制苏联的前沿阵地，协助美国获取在中东地区的主导地位。冷战结束后，美国和土耳其延续冷战时期的同盟关系。但是，从冷战结束至"9·11"事件的发生，国际地缘格局发生重大变化，美土关系出现了短暂的"迷茫"期。在交往过程中，双方相互调适，进入稳定发展的时期。

第一节 冷战结束后美土两国所面临的国际战略环境

冷战结束后，国际力量重新组合。美国面对新的国际战略环境，调整了冷战时期的外交战略。土耳其在延续冷战时期亲美政策的同时，开始适时调整外交政策。冷战后的国际战略环境影响着美土两国关系的发展。

一 美国对冷战后国际战略环境的评估和认知

冷战结束后，国际战略环境发生重大变化。苏联解体，东欧剧变，国际地缘政治力量进入了重新洗牌期，美国成为冷战后一超独大的国家。华盛顿政府在享受胜利所带来喜悦的同时，必须面对在新国际战略环境下出现的威胁，这激发了美国维护和巩固世界霸权的决心。在后冷战时代国际背景下，美国需要制定适时的国际战略。

冷战的结束彻底改变了欧亚大陆的地缘政治版图。美国地缘战略学家麦金德所谓的欧亚"心脏地带"，是美国夺取世界霸权所必须控制的区域。布热津斯基曾对此地区有过深刻的阐释：欧亚大陆占世界人口的75%，GNP的60%和能源的75%，集中了世界上大多数政治自信与充满活力的国家，历史上所有问鼎的超级大国都源于欧亚大陆，世界人口最多的地区大国，如中国和印度，也在欧亚大陆，它们很可能会成为美国在政治或经济上的挑战者。美国之后，六个最大的经济和军事强国都在这里，它们都有公开或未公开的核力量。[①] 冷战时期，美国已对欧亚大陆地区垂涎三尺，因为这些地区的重要性不仅体现在地缘战略位置上，还体现在其有丰富的能源资源。美国希望这些地区的能源可以稳定地向美西方国家供应，增强美西方国家能源渠道的多样化，避免俄罗斯以能源为工具向美国施加外交压力。

面对苏联解体后所遗留下来的权力真空，美国希望对该地区进行权力渗透，巩固并扩大全球的霸权地位，同时防止这些地区进入无政府的混乱状态，因此欲将这些地区纳入自己的轨道。美国希望这些国家实行西方式的民主制度，发展市场经济，接受西方的价值观和意识形态。同时，美国防范苏联的最大继承者俄罗斯，无论在主观还是客观上均不允许俄罗斯成为后冷战时代美国的战略竞争对手，希望将其纳入美国的战略轨道。于是美国继续发挥冷战时期旨在对抗苏联的工具北约，通过扩大北约成员国，侵蚀俄罗斯的战略空间。

苏联最大的继承者俄罗斯建国伊始，国力衰微，无力掌控以上地区，其他国家也无法主导这些国家。[②] 美国政府深刻觉察到高加索、中亚地区的能源资源对美国能源的战略价值，制定了针对相应地区的能源政策。在美国支持下，土耳其修建了绕过俄罗斯和伊朗的能源管

---

① 〔美〕兹比格纽·布热津斯基：《大棋局：美国的首要地位及其地缘战略》，中国国际问题研究所译，上海人民出版社，2007。
② 方连庆：《战后国际关系史（1945～1995）》（下），北京大学出版社，1999，第913页。

线，从而削弱俄罗斯和伊朗过境输送能源的垄断地位。①

美国也凸出了中东地区在其外交战略中的地位。中东地区丰富的能源资源吸引着美国，并且该地区还是美国对外输出民主的"试验田"。1995 年，美国国防部出台了《美国在中东地区的安全战略报告》，报告将美国在中东地区的利益总结为五点，分别是保证中东地区石油的稳定供应、开拓美国在中东地区的市场、保障美国在中东地区海空航行自由、保护美国公民在中东地区的安全、保证美国中东盟友的安全（尤其是以色列）。② 但美国面临的很多麻烦也来自中东地区。五角大楼分析认为美国在三个方面受到来自中东地区的威胁：美国和盟友的安全、美国的经济利益、核扩散。因此无论是从战略价值角度，还是从对美国的战略威胁角度，中东地区都是美国最重要的战略区域之一。冷战后美国政府在中东地区设定的战略目标是：抑制大规模杀伤性武器扩散；推动地区政治稳定和经济发展；遏制伊朗和伊拉克在波斯湾地区给美国利益带来的威胁；保证波斯湾的石油以合理的价格源源不断地流向国际市场；促成阿以达成和平协议；削弱极端政治和宗教力量；打击恐怖主义。③

国际格局在未经过战争洗礼下重新洗牌，以全球领导者自居的美国对国际格局制定了带有浓重美国色彩的规划。美国前总统老布什向全世界提出了"世界新秩序"构想。"世界新秩序"是冷战结束后老布什政府所勾画的国际格局蓝图，建立以美国为主导的世界秩序，倡导美式民主，实行政治多元化和市场经济。对外输出美国价值观，迫使其他国家实行西方的民主制，推行市场经济改革。美国为实现上述目标，大力调整冷战时期的外交战略，从冷战时期遏制苏联转变为防止地区性主导力量的出现，巩固冷战胜利的成果，加强美国在国际上

---

① 徐洪峰、李林河：《美国的中亚能源外交（2001~2008）》，知识产权出版社，2010，第 69 页。
② 李满田、高哈吉：《土耳其的欧盟之路》，《欧洲研究》2004 年第 1 期，第 97 页。
③ Ekavi Athanassopoulou, "American-Turkish Relations since the End of the Cold War," *Middle East Policy*, Vol. 8, No. 3, Sep. 2001, p. 145.

的主导地位。

1992年美国公布了《防务计划指导方针》，该方针指出美国防务战略有两大目标：一是防止出现对世界秩序形成威胁的新对手；二是设法解决地区性冲突和不稳定根源。老布什政府对国际形势的理解是，类似苏联的可以对美国构成威胁的异己力量已不存在。美国应将战略重点放在局部地区上，将关注重点转移至地区性冲突上，重点对付反美国家，同时与美国的盟友合作，致力于主导世界新秩序。①

鉴于冷战后国际环境的变化，美国进行战略重置，同盟战略也随之调整，进一步加强与传统盟国的关系。一方面加强对盟友的控制，另一方面希望盟友分担美国的海外义务。美国深知建立新秩序仅靠自己的力量是不可能的，"必须在任何可能的地方寻求盟友和伙伴"，加强与盟友的伙伴关系是建立新秩序的基础。盟友可以为美国的海外行动提供必要支持，并为美国分担军事开支。老布什政府提出，基于磋商和合作，协调同盟行动，建立平摊义务的伙伴关系。②

但冷战结束后美国与盟国之间的合作性质、方式与冷战时期有所不同。利用盟国合力管控威胁，增强美国的全球威慑力和领导力，成为美同盟战略的新设想。1990年美国公布了《国家安全战略报告》，该报告指出，美国的同盟基础是共同的价值准则和安全利益，在集体安全和防务的基本框架下，与盟友建立更加平衡的伙伴关系。但美国最为依赖的还是冷战时期塑造的传统盟友，同时也会根据不同的国际形势，组织临时或意愿同盟，以丰富同盟关系。

二 冷战后土耳其国家安全战略观念的变化

冷战的结束对土耳其产生了深远影响，苏联解体重塑了土耳其周边的地缘格局。从一定意义而言，新地缘格局对土耳其有积极意义。

---

① 姜琳：《美国保守主义及其全球战略》，社会科学文献出版社，2008，第176~177页。
② 方连庆、刘金质、王炳元：《战后国际关系史（1945~1995）》（下），北京大学出版社，1999，第813页。

冷战时期，土耳其周边国家中可以对其构成安全威胁，且综合实力较强的国家仅有苏联，苏联的解体消除了土耳其的安全忧患，土耳其的安全压力大幅减轻，安全环境变得宽松。当然，苏联的最大继承国俄罗斯仍是不可小觑的大国，特别是在军事方面，仍处于世界一流地位。然而，俄罗斯成立伊始，专注国内事务，将稳定政权、发展经济、调整外交政策作为优先处理的选项，对土耳其暂时无暇顾及。

虽然苏联威胁消失了，俄罗斯元气尚未恢复，但这并不意味着土耳其的安全高枕无忧。土耳其和俄罗斯在高加索、中亚地区仍为竞争对手，俄罗斯不允许其他力量染指这些地区。土耳其安全威胁源方向发生转移，从北部地区移至南部地区，主要是库尔德分离组织。

综观冷战后土耳其的安全环境，受周边国际环境的影响较大。苏联解体、海湾战争和伊拉克战争均是发生在土耳其周边的重大国际事件，对土耳其产生了直接影响。土耳其的安全威胁有了新变化，主要如下：

（一）土耳其不再将俄罗斯视为最大安全威胁。解体前，苏联对土耳其的态度已经软化，苏联希望改善与土耳其的关系，改变以往对土耳其的强硬立场，以营造良好的周边环境。当然，土耳其也希望通过改善与俄罗斯的关系，争取俄罗斯在库尔德问题上的支持。[1] 苏联解体后，土耳其与俄罗斯的经济关系不断密切，贸易额翻倍增长。[2] 土耳其是能源匮乏国家，大量能源从国外进口，而俄罗斯是土耳其主要的能源供应国，土对俄罗斯的能源依赖性非常强。两国在库尔德和车臣问题上也相互谅解，达成共识。双方认为，两国在欧亚大陆是"合作伙伴"，在经贸、能源领域合作潜力巨大，在打击恐怖主义、

---

[1] 冯绍雷、相蓝欣：《俄罗斯与大国及周边关系》，上海人民出版社，2005，第304页。

[2] Rajan Menon and S. Enders Wimbush, "The US and Turkey: End of an Alliance?" *Survival*, Vol. 49, No. 2, Summer 2007, p. 136.

宗教极端主义和跨国犯罪上亦有极大的合作空间。① 因此，土俄间的合作取代了冷战时期土苏间的敌对态势。

（二）库尔德分离组织成为冷战后危及土主权和领土完整的隐患。库尔德问题是历史性问题，库尔德民族是世界上为数不多的尚未建国的民族，被称为"无国家民族"。第一次世界大战结束后，战败的奥斯曼帝国与战胜国签署了《色佛尔条约》，这是国际文件中唯一规定允许库尔德民族建立独立国家的法律文件。该条约的第六十二条和第六十四条规定，允许土耳其库尔德人在聚集地区实行自治，库尔德人可以根据本民族意愿，建立库尔德国家。但土耳其领袖凯末尔领导下的大国民议会坚决不承认《色佛尔条约》。因此，该条约未能生效。② 条约中有关库尔德人自愿建国的规定随之失效，这也就意味着库尔德人又回到由土耳其人任意处置的境地。

共和国建立之初，凯末尔不承认库尔德人的存在，对库尔德民族实行同化政策。共和国第一部宪法第八十八条规定："凡土耳其公民，不分种族、宗教，皆称为土耳其人。凡土耳其人，必须进土耳其学校，习土耳其语，不悖于土耳其的礼俗文化。"③ 除受到民族同化政策外，库尔德人的少数民族地位也未得到承认。根据《洛桑条约》规定，在土耳其只有诸如非穆斯林的希腊人、亚美尼亚人和犹太人是少数民族，而信仰伊斯兰教的库尔德人则不被视为土耳其的少数民族。④

在民族高压统治下，库尔德人进行反抗。从1925年赛义德领导的库尔德民族武装起义，到1984年库尔德工人党武装反抗政府寻求

---

① 冯绍雷、相蓝欣：《俄罗斯与大国及周边关系》，上海人民出版社，2005，第37页。
② 世界知识出版社编辑：《国际条约集（1917～1923）》，世界知识出版社，1961，第844页。
③ 黄维民：《中东国家通史——土耳其卷》，商务印书馆，2002，第212页。
④ Michael M. Gunter, "Turkey's Floundering EU Candidacy and its Kurdish Problem," *Middle East Policy*, Vol. 14, Issue 1, Spring 2007, p. 120.

独立的暴力运动,库尔德问题已经成为土耳其"肌体"上挥之不去的"顽疾"。冷战结束后,库尔德分离主义问题在国家安全中更加凸显出来,成为棘手的问题。库尔德工人党作为推崇库尔德分离主义的军事组织,以暴力手段对抗、袭击政府军。并且,库尔德问题还有国际性质。因为除土耳其外,在伊朗、伊拉克和叙利亚也居住着大量的库尔德人,土耳其库尔德人经常穿梭于四国之间,躲避土耳其政府军的打击。同时,土耳其库尔德工人党还与其他国家的库尔德分离组织"串联",以库尔德民族认同以及建立独立国家的共同利益,组建库尔德联盟,以在库尔德民族聚集区建立独立国家。

(三)在冷战隐藏下的问题,冷战结束后开始显现,土耳其与邻国关系紧张是其中的案例。苏联解体,土耳其最大安全威胁消失。然而,冷战掩盖下的其他矛盾凸显,叙利亚等邻国不时支持土耳其库尔德军事组织,不断引发土耳其与这些国家的争端,甚至走向战争的边缘。伊朗奉行输出革命的外交政策,这让土耳其一直较为担忧。整个20世纪90年代,在土耳其人眼中,伊朗是令人恐惧和厌恶的"他者"。[①] 土耳其与希腊由于塞浦路斯问题而关系紧张。由于历史宿怨,土耳其与亚美尼亚没有建立正常的外交关系。另外,伊拉克的稳定与统一对土耳其的安全也至关重要,伊拉克不会对土耳其造成安全威胁。但伊拉克的混乱局势却直接对土耳其的安全造成影响。无论在海湾战争中,还是在伊拉克战争中,土耳其都受到不利影响。在战争的喧嚣下,土耳其失去伊拉克市场,并伴随大量难民涌进土耳其。土耳其前驻美国大使苏克鲁·阿莱克达格曾撰文指出,土耳其一直做好与希腊、叙利亚和库尔德人进行两场半战争的准备。[②] 纵观20世纪90

[①] Kemal Kirişci, Nathalie Tocci and Joshua Walker, "A Neighborhood Rediscovered Turkey's Transatlantic Value in the Middle East," *Brussels Forum Paper Series*, The German Marashall Fund of the United States, March 2010, p. 4.

[②] Kemal Kirişci, Nathalie Tocci and Joshua Walker, "A Neighborhood Rediscovered Turkey's Transatlantic Value in the Middle East," *Brussels Forum Paper Series*, The German Marashall Fund of the United States, March 2010, p. 3.

年代，由于周边安全环境发生较大变化，土耳其往往以零和思维方式处理与邻国关系。

（四）地区国家拥有核武器是土耳其的安全隐患。冷战结束后，中东地区的核问题成为国际社会关注的热门问题。在美国支持下，以色列已越过"核门槛"，成为准核国家。伊朗在核问题上跃跃欲试，美西方国家一直担心伊朗以和平利用核能为幌子，暗中从事核军事化的活动。在核问题上，土耳其最惧怕的不是遭受中东国家的核打击，以色列和伊朗即使拥有核武器也不至于对土耳其实施打击，真正担心的是在中东地区出现核扩散，引发地区核军备竞赛，导致土耳其追求的地区和平与稳定难以实现。

因此，与冷战时期相比较，冷战结束后土耳其安全观念发生了变化。这不仅是全球和周边国际环境变化的结果，也是土耳其的安全观念回归本原使然。在冷战背景下，土耳其诸多外交决策是被动做出的，外交独立自主性较弱，很多情况下不是以国家利益为导向做出外交决策，在一定程度上美国是冷战时期土耳其外交政策的"风向标"。当然，土耳其也在享受美国的"安全红利"。在美国的"保护伞"下，并未遭到实质性的安全威胁。但是，冷战结束冲击了国际地缘政治格局，土耳其安全威胁降低，一味追随美国的必要性和紧迫性下降。土耳其外交决策逐渐淡化美国因素，甚至有时出现"脱美"的迹象，将自身利益作为制定本国外交政策的首要考虑要素。

三 冷战后国际战略环境变化对美土关系的影响

美国和土耳其面对国际地缘环境的变化，双方各自调整外交政策。对美国而言，苏联解体意味着土耳其遏制苏联的作用已不复存在，但它在美国战略中的价值并未因此而"贬值"。对土耳其而言，它也并未因最大安全威胁的消失而疏远美国。尽管土耳其对美国的安全保证时有疑虑，但土耳其仍将美国视为重要盟国，很多利益需要美国帮助实现。鉴于互有所需，冷战结束后美土两国仍承袭了同盟关系，且双边合作空间加大。

第一章 冷战结束至"9·11"前美土关系的发展历程

冷战期间，美国将土耳其视为遏制苏联南下的"棋子"。苏联解体后土耳其在美国地缘战略中的重要性没有发生太大的改变，唯一改变的是在新国际地缘环境下，土耳其在美国地缘战略中增添了新内涵。冷战结束后，国际关系格局由两极向多极过渡，但俄罗斯仍是与美西方国家争夺全球利益的主要竞争者。中东地区的矛盾冲突也威胁到美西方国家的中东利益。土耳其位于欧亚大陆的交汇点，对维护美国在中亚、高加索、中东和巴尔干等地区的利益有重要作用。因此，美国仍需土耳其，一方面利用区位优势辅美抑俄，另一方面利用土耳其在中东和中亚国家的影响力，为美国在这些地区实施政策铺路搭桥。以海湾战争为例，在战争前，土耳其配合美国制裁伊拉克。战争过程中，允许美国在土耳其开辟战线，切断伊拉克途经土耳其的石油管线，给伊拉克的石油经济以沉重打击。土耳其之所以如此，一是希望通过在海湾战争中的积极表现，证明土耳其对美国仍有重大战略价值；二是希望继续从美国获得大量的经济和军事援助。[①]

老布什政府时期，美国升级与土耳其的关系，以"升级的战略伙伴关系"定位双边关系，加强两国在政治、外交和经济领域的合作，助推深化两国关系。时任美国国务院负责近东事务的主席戴维·蓝塞姆指出："冷战结束后，美土两国交往的内容有了变化，从冷战时期专注北约和安全问题转移至加强经济和外交合作领域。一定程度而言，在两国交往中军事交往减少，经济合作增多。"[②] 这表明冷战结束后，美土继续扩大同盟合作范围。同时需要说明的是，在冷战结束后的10年，美土在库尔德、伊拉克问题上的矛盾和分歧还未凸显出来。

[①] 赵国忠：《海湾战争后的中东格局》，中国社会科学出版社，2007，第259~260页。

[②] Aylın Güney, "An Anatomy of the Transformation of the US-Turkish Alliance: From 'Cold War' to 'War on Iraq'," *Turkish Studies*, Vol. 6, No. 3, September 2005, p. 345.

第二节　冷战结束后美土关系进入过渡期

冷战后国际格局的变动对美土关系走向造成一定冲击，两国在外交政策上相互调适，仍延续了冷战时期同盟关系的主流态势。并且，1991年的海湾战争巩固了两国同盟关系，在一定程度上打消了美土彼此间的外交顾虑。但海湾战争给美土关系带来的不尽是积极作用，在2003年的伊拉克战争中，其潜在的消极作用尽显。本节重点阐释冷战结束至海湾战争爆发这一时期，美土关系的平稳过渡。

一　冷战后美国对土耳其的重新评估

冷战结束后，美国调整全球战略，对土耳其的政策相应地也发生了一定变化。这种变化表现在土耳其帮助实现美国战略目标所发挥作用的方式上，而不是降低土耳其在美国外交中的地位上。作为全球大国，美国希望提升土耳其在欧洲、中东和中亚的地位。[①] 土耳其有足够的面积、实力和经济潜力成为推进美国战略的重要国家。[②] 20世纪90年代，美国将土耳其视为中东地区重要盟友，地位仅次于以色列。因为土耳其对美国有实际战略价值，它是地区大国，同时又与美国利益相关的中东国家为邻。因此美国在很多方面可以从土耳其获得支持。北约曾经有份文件指出，在全世界被视为不稳定和危险的地区中，有13个位于土耳其附近，这是美西方国家重视土耳其及其周边地区的原因。[③] 可见，美国并不会因为冷战的结束而忽视对土耳其战略价值的重视。

---

① Ian Lesser, "Bridge or Barrier: Turkey and the West after the Cold War," RAND ARROYO CENTER SANTA MONICA CA, 1992, p. 43.
② Morton Abramowitz, *Turkey's Transformation and American Policy*, New York: Century Foundation Press, 2000, p. 157.
③ Nursin Atesoglu Guney, *Contentious Issues of Security and the Future of Turkey*, Aldershot, England; Burlington, VT: Ashgate, 2007, p. 179.

（一）土耳其是实现美国染指中亚地区的重要"棋子"。鉴于土耳其与中亚国家民众都属于突厥民族，拥有相近的文化与语言。苏联解体后，土耳其支持中亚国家的新生政权，与这些国家保持密切联系。冷战结束后，美国在中亚地区的主要目标是维护地区稳定，加速地区民主化，尊重人权，建立自由市场经济，防止核武器扩散，并且防止新独立的中亚国家被反西方政权取代，威胁国际和平与安全。①中亚作为美国全球战略中的重要部分，尤其重视该地区的能源资源。美国希望利用土耳其与中亚国家的民族、文化、语言联系，扩大在该地区的影响力，争取主导地位。

（二）美国重视土耳其能源输出的中转作用。土耳其位于亚非欧交界处，是连接产油国和能源消费国之间的纽带。当今世界主要能源供应源主要分布在俄罗斯、中东、里海等地区，土耳其与以上多数能源生产国为邻。同时，土耳其与能源需求市场欧洲为邻，甚至自身的一部分位于欧洲。②冷战结束后，世界经济繁荣发展，美西方发达国家能源消耗增大。但是，多数美西方国家的能源无法自给自足。美国作为世界上唯一的超级大国，不仅要满足本国对能源的需求，还必须保证盟国对能源的需求。美国支持建设途经土耳其的能源管线，一方面提高产能国能源输出的安全系数和稳定性，另一方面丰富能源输出线路，增强能源输出线路的选择性，以帮助美国实现能源来源多样化。③防止在石油外运上受制于俄罗斯和伊朗。若俄罗斯在该地区的能源输出上占据了支配地位，有可能切断美国在欧亚大陆远西和远东两端盟国的能源输出渠道。④土耳其作美国的盟国，成为能源输出线

---

① Bülent Aras, *The New Geopolitics of Eurasia and Turkey's Position*, London: Portland, OR: F. Cass, 2002, p. 69.

② Ali Tekin, Iva Walterova, "Turkey's Geopolitical Pole: the Energy Angle," *Middle East Policy*, Vol. 14, Issue 1, Spring 2007, p. 85.

③ Ali Tekin, Iva Walterova, "Turkey's Geopolitical Pole: the Energy Angle," Middle East Policy, Vol. 14 Issue1, Spring 2007, p. 86.

④〔美〕兹比格涅夫·布热津斯基：《竞赛方案——进行美苏竞争的地缘战略纲领》，刘晓明、赵滨译，中国对外翻译出版公司，1988，第202页。

路上的重要一环，可以保证能源输出线路畅通，持续不断地向西方国家供应能源，保证西方能源供应的安全。

（三）土耳其是具有伊斯兰教信仰传统的民主国家。它位于动荡不安的中东地区，对美国向中东地区输出民主、巩固美国在中东地区的主导地位具有重要作用。土耳其以融入西方为外交主要目标，是中东地区实行西方民主制度且世俗化较为成功的国家。信仰伊斯兰教的传统和西方化的"情结"使土耳其有资格充当东西方交流桥梁的角色，并成为中东国家民主、世俗的模范。鉴于此，美国对土耳其在中东地区推行民主，完成"天赋"民主使命具有重大意义。在美国向中东地区输出民主问题上，土耳其可以发挥两方面的作用：一是土耳其本身的民主治理模式，可以成为中东国家效仿的样板；二是在美国向中东地区输出民主上，土耳其可以直接发挥积极作用，声援美国在中东地区的民主行为。因此，在美国向中东地区输出民主过程中，土耳其不仅可以抵制宗教激进主义，并且可以打破"文明冲突"之说，缓和美国与中东国家间的关系，减少中东国家对美国的敌视。

冷战结束后，土耳其遏制苏联的战略价值消失。但美国对土耳其的战略评估并未下降，但重点发生转移，土在美国能源和民主战略中的作用凸显。

二 冷战后土耳其的对美政策

冷战结束后，土耳其面临的国际环境发生重大变化，引发了土耳其国内对未来外交政策的争论。土国内有些学者认为，冷战结束后土耳其面临的外部环境与20世纪20年代相似，没有突出的安全威胁困扰，在外交政策上完全可以回归到传统中立的轨道上。还有学者认为，冷战时期苏联的威胁削弱了土耳其的国际影响力，土耳其成了东地中海地区维护美西方国家的安全基石，[1] 这影响了土耳其在国际上

---

[1] William M. Hale, *Turkish Foreign Policy*, 1774-2000, London; Portland, OR: Frank Cass, 2000. p. 192.

应有的地位。持该观点的学者还分析认为，北约已失去存在的意义，终将会被其他安全机制取代。在这种情况下，土耳其将不再是美国的战略财富，而可能成为负担。因为土耳其存在很多安全问题，而这些问题与美国安全没有很大关联。因此，土耳其可以在冷战结束的节点上，重施独立外交政策。①

但从土耳其政府角度看，苏联解体，土耳其作为北约"桥头堡"的战略地位下降，美对土援助随之减少。为继续争取美援，加速本国军事现代化，争夺地区大国地位，土耳其仍将与美国的关系视为最重要的双边关系，将美国作为最重要的盟友，在外交上亲美，将外交重点聚焦在延续与美国的同盟关系上，从美国获取大量的军事和经济援助。并且时任土耳其总统图尔古特·厄扎尔是不折不扣的"美国迷"，是美国政治、文化、经济体制的崇拜者，他的梦想是将土耳其打造为另外一个美国，其思想意识包括了美国的世俗主义、民主、资本主义和自由主义。因此，强化同美国的关系成为厄扎尔政府时期外交政策的重要内容。②

厄扎尔的继任者德米雷尔总统执政之初即宣布，与美"保持密切关系是土外交政策的基本目标"，这种关系"不仅是军事和战略的，而且是政治、经济、文化和科学技术等方面的"。土耳其国防部发布的白皮书也提及，土耳其需要在冷战结束后继续融入西方国家，在伊斯兰世界中成为民主、世俗和现代化的"灯塔"。土耳其处于巴尔干、高加索、中亚地区的中心，以其治国经验和成功证明伊斯兰教与民主可以融洽相处，宗教和世俗可以妥协共存，在民主环境中文化发展是可以得到承认的。③

---

① William M. Hale, *Turkish Foreign Policy*, 1774–2000, London; Portland, OR: Frank Cass, 2000. p. 193.
② "Turgut Özal in Turkish Foreign Policy: Özalism," http://www.turkishweekly.net/article/333/turgut-ozal-period-in-turkish-foreign-policy-ozalism.html.
③ Gokhan Bacik, Bulent Aras, "Turkey's Inescapable Dilemma: America or Europe?" *Turkish Journal of International Relations*, Vol. 3, No. 1, Spring 2004, pp. 62–63.

三 海湾战争对美土同盟关系的影响

1990年8月，伊拉克侵略科威特，公然以军事方式占领一个主权国家。伊拉克的军事行为是对美国在中东地区主导地位的挑战，这与美国不允许地区出现主导性国家的政策相悖。美国对外一贯奉行霸权主义，却不允许其他国家推行地区霸权，更不用说反美的伊拉克。因此，伊拉克侵犯科威特为美国出兵中东提供了正当理由。

美国军事打击伊拉克主要是因为伊拉克损害了美国利益。一是伊拉克打破了中东地区力量平衡，如果任其发展，威胁到美国在中东地区的主导地位。二是科威特和伊拉克均为产油大国，一旦伊拉克侵犯科威特成功，将对西方石油市场造成沉重打击，这是美国所不能承受的。三是海湾危机正好为美国展示超强实力提供时机，以显示其在国际上的一超地位。

因此，以美国为首的多国联军对伊拉克实施军事打击，这也为土耳其体现冷战结束后的战略作用提供了良机。在土耳其政府看来，海湾战争的爆发是土耳其展现重要地缘位置的良机。冷战结束后，土耳其政府一直担忧失去在美国战略中的价值和地位，长期对美国形成的依赖感，使得土耳其在冷战后仍对美国有很大的依赖性。同时，海湾战争爆发后，美国寄予土耳其很大期望。因为伊拉克是土耳其的邻国，如果在战争中争取到土耳其的支持，这对美国成功打击伊拉克具有重大意义。

基辛格曾经指出："在海湾地区，美国必须加强与盟友的关系，一旦发生对抗是否能得到它们的支持至关重要。土耳其作为美国的盟友，与伊拉克、伊朗以及动荡不安的高加索接壤，因此在发生任何危机时，该国的合作都是必不可少的。"[①] 在海湾战争中，以美国为首的联军主要在三个方面需要土耳其的协助：利用土耳其的军事基地；

---

① 〔美〕亨利·基辛格：《美国需要外交政策吗?》，胡利平、凌建平译，中国友谊出版公司，2003，第221~222页。

土耳其派军队到伊土边境；向沙特阿拉伯派遣军队。① 土耳其确实也没有辜负美国的期望。② 在海湾战争中几乎对美国有求必应，开放领空权；允许美国使用军事基地；在伊拉克边界部署十万军队牵制大量的伊拉克军队；切断伊拉克途经土耳其的油气管道。

但在土耳其学界，关于海湾战争对美土关系的影响有不同看法。有些学者将海湾战争时期描述为美土关系的黄金时期，延续并巩固了两国冷战时期的同盟关系。而有些学者认为，海湾战争是两国麻烦的开始，为之后美土关系的龃龉埋下伏笔。笔者以为，海湾战争对美土关系的影响应从短期和长期两个角度进行分析。就短期来看，海湾战争深化了美土两国的信任，成功地延续了冷战时期的盟友关系。但是，从长远看，随着土耳其所付出的代价逐渐显现，海湾战争对两国关系造成的负面影响也暴露出来。

从短期的积极面看，海湾战争进一步巩固了两国的盟友关系，美国对土耳其更加信任，对土耳其的战略作用更加重视。通过海湾战争，土耳其在美国对外战略中的作用不仅体现在战略理论层次上。更为重要的是，在战略实践中，土耳其站在了美国一边。对美国而言，海湾战争增强了美土同盟关系，美国更加确定土耳其是应对中东新安全挑战的前沿阵地。③

从消极的层面看，海湾战争造成一连串后果，给土耳其带来很大压力。海湾战争破坏了土耳其周边的稳定环境，在伊拉克北部出现了权力真空，而此地区正是库尔德人在伊拉克聚集的地区，土耳其最担忧的是伊拉克的库尔德人聚集区处于无政府状态，为库尔德人独立建国创造条件。海湾战争后，美国、英国和法国空军驻扎在土耳其因吉

---

① Morton Abramowitz, *Turkey's Transformation and American Policy*, New York: Lentury Foundation Press, 2000, p. 155.

② Morton Abramowitz: *Turkey's Transformation and American Policy*, New York: Lentury Foundation Press, 2000, p. 154.

③ Ian Lesser, "Turkey, the United States and the Delusion of Geopolitics," *Survival*. Vol. 48, No. 3, Autumn, 2006, p. 84.

尔利克空军基地，在伊拉克北部设禁飞区，保护伊拉克库尔德人免遭伊拉克政府军的袭击。在盟军支持下，库尔德人击退了伊拉克的地面部队，在伊拉克北部建立了自治政府。① 并且由于战争，大批的伊拉克难民涌入土耳其，扰乱了土耳其国内稳定的秩序。

同时，海湾战争还给土耳其带来其他消极后果，包括库尔德工人党的兴起、与叙利亚和伊朗关系更加复杂。特别是在海湾战争后，美国发动了名为"提供慰藉行动"和"北方守望行动"的军事行动，这增加了土耳其打击库尔德分离组织的难度。此外，海湾战争前后，美国均对伊拉克实施经济制裁。而土耳其与伊拉克的经贸关系往来密切，制裁对土耳其经济也造成了很大损失。美国也没有兑现战前对土耳其进行经济赔偿的承诺，令土耳其政府大为光火。并且，海湾战争带来的负面影响在伊拉克战争中也有所体现。2003年3月，美国对伊拉克发动战争，希望土耳其继续海湾战争中的表现，但秉持务实外交理念的土耳其并未满足美国的要求，其中海湾战争的教训是土耳其拒绝美国要求的重要原因。伊拉克作为土耳其的邻国，其局势稳定与否直接关系到土耳其的安全。土耳其担心，一旦开启战端，海湾战争带给土耳其的经济、安全损失会在伊拉克战争中重现。

海湾战争后，美土关系呈现出两大特征，一是军事关系加强；二是两国建立新型的战略关系。② 1991 年老布什访问土耳其，成为 1959 年以来第一位访问土耳其的美国总统，老布什承诺增加对土耳其的军事援助，并倡议在华盛顿建立由科威特、沙特阿拉伯、美国参加的土耳其防御基金会，五年向土耳其提供 35 亿美元，以奖励土在海湾战争中的贡献。③

---

① Morton Abramowitz, *Turkey's Transformation and American Policy*, New York: Lentury Foundation Press, 2000, p. 220.
② Aylin Güney, "An Anatomy of the Transformation of the US-Turkish Alliance: From 'Cold War' to War on Iraq," Vol. 6, No. 3, Sep. 2005, *Turkey Studies*, p. 346.
③ Ekavi Athanassopoulou, "American-Turkish Relations since the End of the Cold War," *Middle East Polilcy*, Vol. 8, No. 3, Sep. 2001, 147.

老布什政府时期，美国对土耳其的战略评估结果是美国进一步加强与土耳其的战略同盟关系，保住在土耳其的军事基地，使其配合美国在中东地区的军事任务。相对于冷战时期，由于国际局势趋向于和平与稳定，美国需要土耳其的军事协助减少，对土耳其的军援也有所减少。但是，一旦中东地区发生突发事件，尤其是爆发局部战争时，美国需要土耳其担负作为盟友的责任。一方面在北约内部，由于成员国意见不一时有发生，需要土耳其支持美国。另一方面希望土耳其在战争中体现出对美国的军事价值。当然，在土耳其周边地区爆发危机时，美国进行军事干预，需要土耳其的协助。在这些方面，与冷战期间无异，在此不做赘述。

第三节　冷战结束后美土关系进入平稳期

经过了冷战结束之初的外交调适，美土两国关系经受住了冷战结束而造成的地缘政治变动的考验，完成了平稳过渡。之后，美土两国进一步拓展双边关系，从冷战时期的以军事、外交为主，逐渐拓宽至经济、能源等领域，并建立了战略伙伴关系。本节以海湾战争结束至"9·11"事件为时间段，重点分析此期间美土关系的发展。

一　美国和土耳其的全方位交往

海湾战争结束后，美土关系经历了 10 年稳定期。期间没有苏联的安全之虞，土耳其周边地区相对稳定，邻国无战争，国内政局稳定，美土在相对和平的国际环境下发展关系。在稳定的国际环境下，美土延续了盟友关系，突破了以军事为主的合作，进一步拓宽交往范围，在广度上和深度上都有了提高。

此时期，美国重视与土耳其的关系是建立在对土的战略评估上。1993 年 6 月，时任美国国务卿克里斯托夫曾指出，土耳其是地区大国，美国应与它建立牢固、永久的伙伴关系。1999 年，美国国务院在国会外交行为报告中也提及土耳其对美国的战略作用。土耳其对维护美国利益至关重要,它跨越博斯普鲁斯海峡,处于中东、高加索和里海地区的交汇处,这些地区对美国具有重要的安全、政治和经济利益。但这些地区,经济发展一般,缺少民主,政治不稳,恐怖组织活跃。土耳其作为民主世俗国家,可以在这些地区成为榜样。[1] 美土合作突出的领域有以下几个方面。

(一)在经济上,美国支持土耳其建立"黑海经济合作组织"。土耳其加强黑海地区的经济合作,以推进地区安全稳定,促进区域经济发展。1997年,时任土耳其总理杰维特和外长伊斯梅尔·杰姆访问美国,美土达成五项协议,分别是:能源、经济和贸易、区域合作、塞浦路斯、防御和安全合作。[2] 随后,双边贸易增加了50%,在1998年达到了60亿美元,美国成为土耳其仅次于德国的第二大贸易伙伴。[3] 在土耳其经济面临危机时,美国施手相助。2001年2月,土耳其爆发严重金融危机,小布什政府支持世界货币基金组织对土耳其施以援助,帮助其进行旨在恢复经济的结构性改革。美国看好土耳其的经济前景,美国商务部将土耳其视为十大新崛起的市场之一。

(二)在能源合作上,尽管土耳其是能源匮乏国家,但在美国的能源战略中有重大作用。上文已述,土耳其周边多为产油大国,可以在能源输送中起到中转枢纽作用。克林顿政府时期,美国支持土耳其与阿塞拜疆签署修建从阿塞拜疆经格鲁吉亚通往土耳其杰伊汉的输油管道协议,使里海的石油和天然气输出绕过俄罗斯和伊朗,这不仅拓宽了美国输送石油的路线,而且很大程度上增强了格鲁吉亚和阿塞拜疆的独立性。

(三)在情报合作上,美国向土耳其提供重要情报打击库尔德分

---

[1] Ekavi Athanassopoulou, "American-Turkish Relations since the End of the Cold War," *Middle East Policy*, Vol. 8, No. 3, Sep. 2001, p. 146.

[2] Nilüfer Karacasulu Göksel, "The Post-Cold War US-Turkey Partnership," *Review of Social, Economic & Business Studies*, Vol. 7/8, 2008, p. 117.

[3] Ekavi Athanassopoulou, "American-Turkish Relations since the End of the Cold War," *Middle East Policy*, Vol. 8, No. 3, Sep. 2001, p. 150.

离主义。逮捕库尔德工人党领袖奥贾兰是此时期美土合作的产物。美国著名智库华盛顿近东政策研究所积极评价了美国情报部门在逮捕奥贾兰过程中发挥的作用。当时,奥贾兰逃至赞比亚内罗毕,美国在当地设有情报站,向土耳其通报了奥贾兰的情况,逮捕了奥贾兰。无怪乎当土耳其前总理埃杰维特被问及抓捕奥贾兰的细节时,他指出"我们只吃葡萄,无须过问葡萄来自哪里"。2002年1月,时任土耳其总统阿赫迈特·塞泽尔向美国CNN指出,人人都清楚美国在逮捕奥贾兰时所发挥的作用。1991~2003年美国在伊拉克北部设定"禁飞区",美国执行任务的飞机驻扎在土耳其的因吉尔利克空军基地,若无土耳其的空军基地,"北方展望行动"不可能实施。作为回报,美国向土耳其提供有关库尔德工人党的有价值情报。①

(四)在地区事务合作上,两国合作紧密。1997年,克林顿政府根据当时的国际态势,制定了新中亚战略,将土耳其连同中亚、高加索国家纳入特别关注国家。美国在中亚地区的战略目标是,推进和平民主;发展市场经济;控制核扩散;实现美国能源利益。土耳其可以协助美国实现在这些地区的利益,抵制极端主义及其他安全威胁。同时,美国还需要平衡俄罗斯和伊朗在这些地区的力量,限制这两个国家的综合影响力,而土耳其可以成为平衡力量。②

二 美土战略伙伴关系的建立

冷战时期,美土之间虽然是盟友关系,但双边关系的发展领域比较窄,多数围绕遏制苏联展开。冷战结束后,美土两国在冷战时期结为盟友的基础上,进一步发展了军事以外的合作关系,双方关系更加牢固,在多个领域加深了相互依赖。这一时期,美国和土耳其通过全方位的合作,关系不断深化。1999年,时任美国总统克林顿访问土

---

① Michael M. Gunter, "The U.S.-Turkish Alliance in Disarray," *World Affairs*, Vol. 167, No. 3, Winter 2005, p. 117.
② Ekavi Athanassopoulou, "American-Turkish Relations since the End of the Cold War," *Middle East Policy*, Vol. 8, No. 3, Sep 2001, pp. 145 – 146.

耳其，双方正式确定战略伙伴关系。这进一步明确了冷战结束后美土两国关系的定位，将战略伙伴关系引进经贸领域，加上两国在安全方面的合作，加深和扩展了两国关系。① 美土战略伙伴关系的建立，对双方来说意义重大。此举表明美国对土耳其的重视，体现了在冷战结束后土耳其的作用并未降低，而是有了新内容，在非军事领域的合作增多。

美国特别重视拓展与土耳其的经济合作空间，通过扩大经济往来，加深双方经济合作。美国商务部主张对土实行积极的贸易政策，1991年至1997年，两国的贸易额增长了70%。美国支持修建巴库—杰伊汉石油管道和跨里海天然气管道工程。1999年，美国支持国际货币基金组织援助土耳其渡过经济危机。

在军事领域，两国也有协同合作。20世纪90年代，在欧洲发生的局部战争，为美土军事合作提供了机会。土耳其向全球派遣三十多支部队，协助美国维持地区和平与稳定。1993年，土耳其响应联合国在索马里的行动，向索马里派兵300人；1993年土耳其向波斯尼亚派遣军队1400人；1999年，科索沃危机期间，土耳其派空军与北约合作，提供了包括F16和KC-135空中加油机在内的21架飞机。②

然而需要指出的是，美土战略伙伴关系仅是停留在两国间的口头表述上，并没有实质性的文件或协议约束。这一定程度上意味着战略伙伴关系稳定性不足。美土战略伙伴关系是两国在冷战结束后对外交关系的重新定位，但没有法理效力，应对此有清晰认识。

小 结

冷战结束至"9·11"事件是美土关系的转型期。美土以军事安

---

① Nilüfer Karacasulu Göksel, "The Post-Cold War US-Turkey Partnership," Review of Social, Economic & Business Studies, Vol. 7/8, 2004, p. 118.
② Serdar Kara, "Turkish-American Relations Post 9/11," Thesis (M. A. in Security Studies) —Naval Postgraduate School, December 2007, p. 2.

全为主要内容的同盟关系，逐渐发展成为合作领域更为宽泛的战略伙伴关系。但这不意味着两国同盟关系的结束，而是冷战色彩淡化，顺应新时期国际主流趋势的合作内容增多。冷战时期，美土关系相对简单，主要是围绕遏制苏联展开。无论是美国对土耳其的经济援助，还是两国在军事上的合作，都是为了加强双方的同盟关系以遏制苏联。冷战结束后，美土关系变得复杂化。当然，冷战时期所建立的同盟关系不可能推倒重建，美土双方都有意愿保持密切关系，冷战背景掩饰下的两国分歧开始凸显。因此，从冷战结束到"9·11"事件这段时期，美土关系呈现出以往冷战时期所不曾出现或不是很突出的特点。

（一）美土合作领域更为宽泛。冷战时期，美土两国将大部分精力放在了遏制苏联上，尽管两国在其他领域也有合作，但在合作广度和深度上有限。冷战结束后，美国不必为与苏联争夺世界霸权而"招兵买马"。与此同时，土耳其国家安全压力有所舒缓。之所以出现这样的现象，有以下几点原因：一是两国不再面对突出的共同安全威胁。冷战时期，无论是美国，还是土耳其，都将苏联视为很大的威胁。应对威胁的方式是用军事同盟提供安全保障。冷战结束，苏联威胁消失，美土两国希望延续传统的盟友关系，深化合作内容，丰富合作形式，以全方位的合作关系推动美土同盟关系向前发展。二是冷战时期的同盟合作模式不符合冷战后的国际主流趋势。冷战结束后，和平、发展与合作成为世界发展的主流，唯有全面合作方能适应国际发展趋势。因此，在以上原因的推动下，美土两国除延续传统同盟关系外，保持但又突破军事安全合作，并向宽领域、多层次的方向发展。

（二）美国更加重视土耳其的民主榜样作用。冷战时期，意识形态成为美国和苏联划分各自阵营的主要标准，美土结为同盟的基础底色也是意识形态。但冷战结束后意识形态在美土关系中发挥着另外一种作用，美国希望土耳其成为中东、中亚地区伊斯兰国家民主化的样板。美国利用土耳其推行民主化政策，抑制中东地区的宗教激进主义。美国认为宗教激进主义在本质上是反动的，这也是它长期处于弱势地位的根本原因。宗教激进主义依靠对西方的憎恶而生存，这也是它有政治生命力的主要源泉。① 在一定程度上，土耳其的民主力量可以平衡中东国家原教旨主义。冷战结束后，资本主义和共产主义之间的意识形态对决不如冷战时激烈。但以美国为代表的西方民主与中东地区的伊斯兰思想在意识形态上的对立凸显出来。在这种背景下，土耳其作为具有悠久伊斯兰传统同时又实行西方民主化的现代化国家，不仅以意识形态为工具，推动与美国的关系，更可以将意识形态与地缘位置结合，为美国的中东战略更好地服务。

（三）土耳其对美国开始出现"离心"倾向。笔者以为，冷战结束后，美国和土耳其延续了同盟关系，但土耳其意识到，一味追随美国不一定符合土耳其的利益。在海湾战争中，土耳其也许达到了美国的期望值，但却要为此"买单"。这包括经济损失严重，大批伊拉克难民涌入土耳其，库尔德分离主义猖獗。同时，20世纪90年代，土耳其伊斯兰主义复兴，具有伊斯兰政党性质的繁荣党上台。1996年具有伊斯兰主义色彩的埃尔巴坎执政，它反美、反西方、反以色列，谴责土耳其的北约成员国身份，反对寻求加入欧盟。除此之外，它还认为土耳其应该与伊斯兰世界结盟，建立伊斯兰共同市场。②

---

① 〔美〕兹比格纽夫·布热津斯基：《大抉择：美国站在十字路口》，王振西译，新华出版社，2005，第60页。
② Morton Abramowitz, *Turkey's Transformation and American Policy*, New York: Century Fondation Press, 2000, p.224.

第二章
"9·11"事件背景下的美土关系

"9·11"恐怖袭击震撼全世界。世界唯一超级大国的本土遭受恐怖主义袭击，美国将对外战略重点转向反恐，将打击恐怖主义作为美国外交的最优先选项，美国与其他国家的双边关系也为反恐战略服务。"9·11"事件爆发后，土耳其作为美国的北约盟国，主动向美国提供帮助，协助美国反恐。本章以"9·11"恐怖袭击至伊拉克战争爆发为时间段，透析美土同盟关系。

第一节 "9·11"事件对美国全球战略的影响与美土关系

"9·11"事件彻底打乱了美国的战略部署，也改变了美国外交战略重点。恐怖袭击已威胁到美国本土安全，因此反恐成为美国全球战略的重点。美国利用强大军事实力，向恐怖主义者强力回击。但在反恐过程中，美国尽力拉拢盟国，联合打击恐怖主义，为己分忧。在反恐背景下，土耳其协助美国反恐的作用上升。

一 "9·11"事件后美国对全球威胁的重新界定

冷战结束后，美国一直寻觅新的对手。"9·11"恐怖袭击为美国"锁定"新对手——恐怖主义。众所周知，美国是一个吸纳了世界众多种族的移民国家，凝聚各种族的思想意识是美国综合国力强大的保障否则，缺少共同的价值观念和凝聚向心力的理念，美国难言强大。冷战时期，美国的威胁来源非常明确——苏联。冷战结束后，随着苏联的解体，美国的敌人越来越模糊，国内对这个问题意见不一。"9·11"事件发生后，该问题有了定论，恐怖主义成为美国的头号敌人。①

"9·11"恐怖袭击是第二次世界大战以来，美国本土首次遭到外来袭击，美国引以为傲的国土安全顷刻间受到严峻挑战。"9·11"事件前，美国对预防恐怖袭击也非常重视，但未将反恐放在突出位置，毕竟恐怖主义并未直接威胁到美国的本土安全，而主要防范在全球重点战略区域出现主导性国家。"9·11"事件将美国政界和学界的注意力从防范新兴大国崛起转移至反恐上，大国地缘政治博弈暂时置后。小布什政府把"打击恐怖主义"和"制止谋求核生化武器的政权"，确定为美国的两大"宏伟目标"。美国将打击恐怖主义上升至国家战略高度，并连续在中东地区发动两场战争。但美国也有以反恐为噱头，夸大恐怖威胁，滥用武力的嫌疑。

2002年，美国公布《国家安全战略报告》，报告指出美国面临的威胁并不是一些地区性大国，也不是社会主义国家，而是拥有先进武器并可能掌握灾难技术的恐怖分子。美国意识到，在相当长时期内："对抗的敌人既非原苏联地区国家，也不是来自中国的潜在威胁，而是国际恐怖主义。"而以往视为可能成为美国威胁的中国、俄罗斯，则在美国国家安全的轻重缓急排序表中后移。②

二 "9·11"事件对美国全球战略的影响

"9·11"事件后，美国对全球战略做出调整，以往的全球战略已不适应新国际形势的发展。但中东和欧亚地区仍是美国的重点战略区域。美国全球战略目标是，以海洋为平台，支配战略"弧形地

---

① 中国现代国际关系研究院美欧研究中心编《反恐背景下的美国全球战略》，时事出版社，2004，第60页。
② 中国现代国际关系研究院美欧研究中心编《反恐背景下的美国全球战略》，时事出版社，2004，第193页。

带",掌控欧亚大陆,塑造美国主导的以"民主"和自由开放市场为基础的世界新秩序。① 美国著名地缘政治学家布热津斯基指出,当今国际社会的基本单位仍旧是民族国家,而地缘位置是民族国家制定内政外交的出发点,因此美国在制定全球战略时,应将地缘战略的考量放在重要位置。②

在恐怖主义比较活跃的地区,尤其是中东地区,加大了反恐力度,并将以往的战略重点后置。美国曾评估恐怖主义起源,认为恐怖主义是民主缺位的表现,甚至认为恐怖主义的根源是伊斯兰主义。小布什政府决策层认为,中东地区长期处于混乱状态,恐怖主义泛滥,其根源在于民主发展不充分,"民主赤字"严重。因此,美国在中东地区实行民主改造政策,以期待中东国家实现西方式民主,融入以美国为主导的战略轨道。

为恢复中东地区的和平稳定,根除恐怖主义,美国必须在中东地区推行民主,改造中东地区国家,尤其是独裁政权国家。小布什政府在中东地区推行民主战略主要目的是改造中东伊斯兰政体,推动政治体制世俗化。2003年2月,小布什在美国企业研究所发表讲话,提出"民主改造中东"的思想,将帮助改造伊拉克与二战后改造德日相提并论。同年11月,小布什在美国民主基金会20周年大会上指出,美国今后几十年的政策重点是推动民主在中东地区茁壮成长。2004年1月,小布什在年度国情咨文中正式提出了"大中东民主"的概念。2008年,时任美国国务卿赖斯正式提出美国要实施"转型民主"政策,在全世界范围内广泛推动民主。

需要指出的是,美国在向中东地区输出民主的同时,也未忽视其他利益。时任美国国务院政策计划办公室主任理查德·哈斯指出,美

---

① 所谓战略"弧形地带"是指环绕欧亚大陆边缘的东欧、中东、高加索、中亚、南亚、东南亚和东亚地区。参见赵剑、罗雄飞《美国全球战略的调整及其与老欧洲的关系》,《理论导刊》2005年第11期,第95页。
② 张林宏:《冷战后美国欧亚大陆战略的主线》,《现代国际关系》2005年第8期,第7页。

国面临的挑战不仅是恐怖主义，还面临其他非传统和传统的安全威胁，如中东能源稳定供应、保护以色列安全、保护中东地区盟友国家的利益、防止地区大国或其他大国主导地区等。因此如何协调打击恐怖主义与推进其他目标的关系，是美国政府要解决的问题。美国政府必须谨慎行事，不能因反恐而将其他事务置之不顾。

美国以中东为中心开展全球反恐，但中东地区不是美国反恐的全部。中亚地区靠近阿富汗，可为美国打击阿富汗恐怖主义提供地缘支持。美国一直垂涎苏联的势力范围。冷战结束后，美国在中亚地区的战略目标是维持该地区稳定，推动中亚国家实行西方式民主制度，推行市场经济，填补地区权力真空。"9·11"事件后，美国在中亚地区的利益有三个方面：防止恐怖主义蔓延；支持有利于西方化的政治、经济和法制改革；保证稳定能源供应。随着美国在中亚地区利益的聚焦，其中亚政策也有了调整，表现在两方面：一是增强中亚地区在美国反恐中的地位和作用，并帮助中亚国家建立"公民社会"；二是将"9·11"袭击前的渗透转变为"直接介入"，在中亚国家建立军事基地。

同时，美国也非常重视中亚地区的能源，该地区的能源对美国的意义表现在四方面：减少美国对中东地区的能源依赖；稳定能源价格；美国公司在中亚地区投资能源获取利润；打破俄罗斯对能源市场的垄断。① 因此，小布什政府在中亚地区支持建设了两条输油路线，一条是"中亚—里海—高加索—土耳其—地中海"的西线，另一条是"中亚—阿富汗—巴基斯坦以及印度—阿拉伯海"的南线。

通过美国在中东和中亚地区政策的调整，可以看出，"9·11"事件后，美国大幅度重置了地区战略部署，从以地区大国为"假想敌"转向"反恐谋霸战略"，将反恐与能源政策相结合，纾解了原先确定的中俄等"战略对手"的压力，甚至还与"战略对手"中俄等国开展反

---

① 参见徐洪峰、李林河《美国的中亚能源外交（2001~2008）》，知识产权出版社，2010，第109~110页。

恐合作。① 但在反恐中，美国刻意夸大恐怖威胁的程度，将打击范围扩大化，利用反恐拓展全球利益。因此，对美国而言，"9·11"事件既是一次灾难，同时又是一次战略机遇。以往美国为实现在中东和欧亚地区的战略目标，因为未有切入点，难以下手。过于明显的霸权行为，也会引来国际社会的谴责。但"9·11"事件后，美国成为名副其实的恐怖主义受害者，成为国际社会的同情对象，恐怖主义成为国际社会的公敌。在这个特殊时期，凡以反恐为名的外交行为都易得到国际社会认可。因此，美国在国际社会的道义支持下，发动阿富汗战争，推翻阿富汗塔利班政权，并实际控制了阿富汗。这其中隐含着一个"玄机"，无论美国是无意还是刻意为之，已形成这样的态势，即美国将军队驻扎在中国和俄罗斯的周边，这对于压制两国的战略空间具有重大意义。

三 "9·11"事件后土耳其在美国新战略中的作用

"9·11"事件后，美国调整全球战略。土耳其作为美国盟友，以往在美国全球战略中的作用和地位发生了变化，被赋予了新的内容。在反恐背景下，土耳其在美国战略格局中的地位必然上升。但土耳其的民主样板和能源枢纽作用在"9·11"事件后的作用亦未减弱。总结看来，土耳其在美国新战略中的作用表现在以下三个方面。

（一）土耳其的反恐作用。在后"9·11"时代，美国战略特点鲜明，打击恐怖主义，阻止"无赖国家"拥有大规模杀伤性武器，消除威胁美国及其盟国的祸源。鉴于此，小布什政府制定了先发制人的军事策略，但军事手段的运用需要盟国的支持。用美国前国务卿鲍威尔的话说，美国的军事策略需要北约和其他盟国的支持，土耳其是美国实现战略目标的重要前沿阵地。随着美国安全和外交政策的转变，土耳其作为美国盟友的所发挥的作用也相应发生变化。在打击恐

---

① 姜琳：《美国保守主义及其全球战略》，社会科学文献出版社，2008，第183页。

怖组织问题上,土耳其可以发挥重大作用。土耳其位于中东、高加索、中亚的交汇处,以上地区是恐怖组织的聚集地。2002年12月,小布什总统邀请尚未当选土耳其总理的埃尔多安访问美国,这是美国第一次邀请既不是政府高官又不是议会议员的土耳其政党领导人访问,这向外界发出明确信号,美国支持正发党,看好该党以及埃尔多安本人的政治前途,当然也为争取土耳其新领导人对美国的支持夯实基础。①

在阿富汗战争中,土耳其确实向美国提供了有力的支持。作为盟国,美国希望土耳其参加在阿富汗的军事行动,给予美国强有力的军事支持。美国高官为此相继访土。2001年12月,在美军打击塔利班的关键时刻,美国前国务卿鲍威尔造访土耳其,要求土耳其派兵赴阿富汗。2002年1月,时任美参议院主席利伯曼率国会代表团访问土耳其,同样与土耳其沟通关于阿富汗的事宜。同年1月中旬,埃尔多安访美,表示支持美国,两国关系上升。在阿富汗战争中,土耳其不负所望,给予了美国有力支持。

在伊拉克战争中,美国同样重视土耳其的战略地位。在计划攻打伊拉克时,美国极力拉拢土耳其。在美国看来,土耳其的表现很大程度上影响着伊拉克战争的难易程度。战争开始前,美国信赖与土耳其的盟友关系。时任美国国防部副部长沃尔福威茨指出,如果确实需要动用武力,土耳其的参与对结果非常重要。同时,土耳其还会成为战后维持伊拉克稳定的积极力量。2002年7月14~17日,沃尔福威茨和时任副国务卿格罗斯曼访问土耳其。沃尔福威茨向土耳其明确表示,美国要打击伊拉克,需要土耳其合作。时任土耳其总理埃杰维特态度消极,担忧伊拉克战火会引起土耳其经济衰退以及库尔德分离主义的猖獗。2002年10月21~23日,北约欧洲盟军最高司令罗尔斯顿访问土耳其,与土方官员会谈,讨论土耳其在伊拉克战争中可能发

---

① Joshua W. Walker, "Reexamining the U. S.-Turkey Alliance," *The Washington Quarterly*, Vol. 31, Issue 1, Winter 2007 – 2008, p. 96.

挥的作用。埃杰维特建议美国放弃该计划。① 正发党执政后，沃尔福威茨再次访问土耳其，如果美国发动伊拉克战争，要求土耳其予以合作和支持。在新闻发布会上，土耳其总理和外长都做出承诺与美国合作，但又强调战争的合法性。小布什政府高官不断做出努力，希望土耳其可以在伊拉克战争中给予美国支持。而对在土耳其部署地面部队问题上，土耳其有官员指出："（土耳其）政府向美国表明，它准备在几乎一切领域内接受美国的请求，但驻扎军队除外。"

（二）土耳其在美国输出民主战略中可以发挥作用。在中东和中亚地区推进民主战略上，美国看重土耳其的榜样力量。因为土耳其是具有传统伊斯兰教信仰的国家，实行政教分离。凯末尔在建国初就推行世俗主义，认为伊斯兰教是土耳其实现现代化的阻碍。在政治上，土耳其实行西方民主制度。"9·11"事件后，美国认定缺乏民主是中东地区恐怖主义猖獗的主要根源，也是中东某些国家对美国产生离心倾向的主要原因。因此，美国希望土耳其成为中东国家民主化的榜样，以推行"大中东民主化战略"。土耳其与中亚国家有一定历史渊源，它们在文化、民族、语言上具有共同性，土耳其一直梦想联合中亚国家建立"大突厥国家"。因此，美国在此地区推行民主战略时，土耳其可以发挥作用。

（三）土耳其在美国能源战略中的作用。土耳其位于世界能源贸易的交汇处，成为世界上重要的贯通南北的枢纽站。由于运油路线经过博斯普鲁斯海峡和达达尼尔海峡，大约世界日消耗 3.7% 的石油经过土耳其海峡。土耳其成为世界上输送中东和里海地区能源的第四大走廊。② 美国著名学者威廉·恩道尔指出："对华盛顿来说，土耳其现在已经成为一个地缘政治'轴心国'，能够使欧洲力量向华盛顿倾斜或远离，这一切都取决于土耳其如何经营与莫斯科的关系以及土耳

---

① Barak A. Salmoni, "Strategic Partners or Estranged Allies: Turkey, the United States, and Operation Iraqi Freedom," *Strategic Insights*, Vol. 2, Issue 7, July 2003, p. 3.
② 其他的三大石油走廊分别是挪威、阿尔及利亚、俄罗斯。

其在有关重要能源管道问题中起到的作用。"① 因此，美国重视土耳其的能源枢纽作用。在美国能源政策上，土耳其地位相当重要，是联结东方能源输出和西方能源输入的"桥梁"。土耳其的枢纽位置保证里海地区的能源稳定输入西方国家，破解西方国家进口里海能源的瓶颈。因此，在小布什政府的支持下，土耳其和阿塞拜疆开通了巴库—杰伊汉石油运输管道，成为世界上最长的输油管道之一。

在此时期，美土同盟关系受到了一定的挑战。土耳其支持反恐，但不是盲目无条件的支持。土耳其受到以下因素的制约：一是美国在中东地区的反恐政策与土耳其地区政策的契合度，美国在中东地区的利益与土耳其利益的契合度，均对土耳其是否配合美国的反恐行动有很大影响。② 而美国对土耳其的看法，也很大程度以土耳其在反恐战争中的行为进行评估。正如美国兰德公司的学者指出的，反恐成为美国关注的焦点，其他战略选项后置。如果土耳其向美国反恐提供援助，两国合作将更加紧密。③ 二是保持周边地区的稳定是土耳其外交政策的主要目标。但美国发动的战争与土耳其距离较近，美国利用军事手段，在土耳其周边地区促变，显然与土耳其的周边维稳政策相悖。在某种程度上，土耳其在应对美国要求上将面临更为艰难的选择。④ 三是在中东地区民众反美情绪日渐高涨的情况下，土耳其在与美国保持同盟关系的同时，也必须在内外政策上考虑国内舆论压力，甚至在一些情况下表现出反美立场，或至少是不敢公开显示与美国的密切关系。

---

① 〔美〕威廉·恩道尔：《土耳其：华盛顿的地缘政治新轴心》，《世界报》2009年4月22日。
② Aylı̇n Güney, "An Anatomy of the Transformation of the US-Turkish Alliance: From 'Cold War' to 'War on Iraq'," Turkish Studies, Vol. 6, No. 3, Sep. 2005, p. 347.
③ Ian Lesser, "Turkey, the United States and the Delusion of Geopolitics," Survival, Vol. 48, No. 3, Autumn, 2006, pp. 90 – 91.
④ Ian Lesser, "Turkey, the United States and the Delusion of Geopolitics," Survival, Vol. 48, No. 3, Autumn, 2006, p. 91.

第二节 伊拉克战争对美土关系的冲击

2003 年,未经联合国授权,美国发动伊拉克战争。对于美国肆意侵犯别国主权的暴力行为,国际社会予以谴责。作为美国的盟国,土耳其并未对美国进行谴责,但也不支持美国发动伊战。在战争中,土耳其并未重现海湾战争时对美国的支持,在很多事务上未与美国有效配合。在这种情况下,美土关系不可避免地受到冲击。

一 美国发动伊拉克战争的动机

2003 年 3 月,美国发动伊拉克战争。这是 2001 年阿富汗战争以来美国发动的第二场战争,有学者将这场战争称为第二次海湾战争。同样是针对伊拉克的战争,此次战争与 1991 年的海湾战争在性质、国际舆论上有着明显不同。海湾战争中,伊拉克公然侵略主权国家科威特,引起国际社会反对。在联合国授权下,以美国为首的西方联军军事打击伊拉克,此举得到国际舆论的支持。2003 年,伊拉克并未有任何违反国际法的行为,美国却以伊拉克拥有大规模杀伤性武器为由进行军事打击。2002 年美国公布的《国家安全战略报告》中指出,"我们已经掌握了不容置疑的证据,伊拉克不仅限于获取化学武器以对付伊朗,并且还希望进一步得到核武器"。① 然而,战争结束后美军在伊拉克境内并没有发现大规模杀伤性武器。对于美国这样一个情报技术世界一流的国家,在伊拉克拥有大规模杀伤性武器问题上出现情报失误,此说辞难以使国际社会信服。显然,美国发动伊拉克战争另有隐情。

(一)萨达姆政权的反美主义"情结"是美国发动伊战的根本原因。伊拉克萨达姆政府实行反美的外交政策。同时致力于获取在

---

① State Department of the United States, *National Security Strategy*, May, 2010, http://www.whitehouse.gov/sites/default/files/rss.../national_security_strategy.pdf.

中东地区的主导地位,20世纪80年代与伊朗的战争很好地诠释了这一点。伊拉克欲在中东推行地区霸权主义,这正与美国要防止出现地区主导大国的战略相违背,伊拉克的行为威胁了美国在中东地区的主导地位,这是美国政府无法容忍的。在海湾战争中,老布什政府曾谋划推翻萨达姆政权,但未能成功。在反恐和防止大规模杀伤性武器扩散的背景下,美国寻得了推翻萨达姆政权的好时机。

(二)美国垂涎伊拉克丰富的石油资源,是美国发动伊战的另一个动机。2001年美国发布《国家能源政策》,指出海湾地区是保证美国能源安全的根本利益所在,应成为美国对外政策的优先关注地区。[1] 冷战后美国在中东的战略目标之一就是保证中东地区的能源稳定地供应美国及其盟国。伊拉克地理条件得天独厚,是中东地区能源资源最为丰富的国家之一,现已探明的石油储量达1431亿桶,是仅次于沙特的世界第二大石油储藏国。天然气储量约为3.17万亿立方米,占世界已探明总储量的2.4%,居世界第十位。[2] 由于萨达姆实行反美政策,致使美国不能很好地利用伊拉克的丰富能源。美国使用军事手段促使伊拉克政权更迭,拔掉获取伊拉克能源的障碍,这样美国不仅可以很方便地获得伊拉克的能源资源,还可以控制连接波斯湾的石油运输通道。

(三)美国认定伊拉克是支持恐怖主义的国家,对美国和世界安全造成了威胁。"9·11"事件导致美国国土安全遭受恐怖主义的直接威胁,加上国内民众在反恐上对政府的压力,美国不敢怠慢,因此将战略的重点转移至反恐。美国政府认定,伊拉克政府与恐怖组织有联系,并且支持恐怖组织。在反恐优先的背景下,美国不允许伊拉克有与自己政策相抵触的行为。在美国看来,伊拉克战争是美国反恐战

---

[1] 徐洪峰:《美国的中亚能源外交》,知识产权出版社,2010,第39页。
[2] 《伊拉克概况》,http://news.xinhuanet.com/ziliao/2002-06/18/content_445861_4.htm。

略的一部分，是对反恐战略的具体践行。①

（四）美国希望主导中东地区，巩固霸权地位。第二次世界大战后，美国自信心膨胀，自我定位为世界领袖，对地缘位置重要、能源丰富的中东地区自然非常重视，因此继续巩固冷战时期在中东的主导地位。苏联解体后，美国迎来进一步拓展深化中东地区利益的机遇。然而，萨达姆治下的伊拉克，奉行反美外交政策，成为美国在中东地区推行霸权的新障碍。冷战结束后，美国将防止出现地区性主导大国作为外交战略的重要目标，尤其是不允许反美的地区性大国存在。伊拉克在中东地区与美国搞对抗，不符合美国在中东地区的战略利益。因此，推翻萨达姆政权或"归化"萨达姆成为美国在中东地区的重要政策。在海湾战争期间，美国并未将萨达姆置之死地，希望萨达姆可以"迷途知返"。但海湾战争以来伊拉克仍继续奉行反美主义，这是美国不允许的。因此，发动伊拉克战争既可显示出美国在中东地区的绝对实力，也可以巩固美国在中东地区的主导地位。

二 美土对伊战认知的分歧

正当美国紧锣密鼓地计划打击伊拉克时，土耳其未表现出美国预期的积极态度，这与土耳其在海湾战争中的态度形成鲜明对比。在发动伊拉克战争前，美国就与土耳其政府协商，希望得到土耳其的支持。但伊战爆发后，并未如美国所愿，土耳其未达到美国的预期，采取了一种近乎消极的姿态，这令美国既意外又愤怒。在伊战上，美国和土耳其的分歧主要表现在以下方面。

（一）土耳其希望维持周边地区稳定，不希望邻国爆发战争。进入21世纪，土耳其一直处于上升期，经济发展速度迅猛，成为新兴市场国家的代表。埃尔多安组阁以来，奉行与邻国"零问题"的睦邻政策，极力维护好与邻国间的关系，塑造安全稳定的周边环境。土

---

① 参见汪波《美国中东战略下的伊拉克战争与重建》，时事出版社，2007，第13页。

耳其前外长伊斯梅尔·杰姆指出，美土在伊拉克战争上的分歧在于美国远离伊拉克，而土耳其是伊拉克的近邻。① 言下之意，伊拉克战争远离美国本国，战争所带来的伤害对美国不大，美国充其量是向海外派兵，追增军费。伊拉克战争却给土耳其带来很大麻烦，如难民、民族、经济等问题。因此埃尔多安总理认为，美国向伊派兵不会给土带来好处。除此之外，土不愿一味跟随美国，希望摆脱"跟班者"的形象，地区大国身份得到认可。土耳其作为中东地区国家，不希望被看作是美国在中东的代理人和"傀儡"。如若土耳其在军事行动中支持美国，将会削弱它的地区影响力，恶化其与伊斯兰世界的关系，不符合正发党政府的外交理念。

（二）美土对萨达姆政权认知不同。美国将萨达姆视为独裁专制的象征，将萨达姆政权定位为与美国为敌的独裁政权，还可能暗地支持恐怖组织。因此，美国对伊拉克推行政权更迭政策，以武力推翻萨达姆政权。而土耳其对萨达姆的独裁统治亦未有好感，但并不希望萨达姆下台。对土耳其而言，萨达姆给美国带来很大威胁，但并未给土耳其带来重大的直接威胁。② 并且，萨达姆的统治保证了伊拉克的稳定统一，保证了土耳其南部边界的安全。一旦发动战争，美国将萨达姆政权推翻，可能带来一系列不利于土耳其的局面，如伊拉克分裂、库尔德民族主义高涨等，这样会降低土耳其安全系数。③ 尤其是可能导致伊拉克北部库尔德族聚集区出现混乱，为库尔德分离分子提供可乘之机，建立库尔德民族国家，直接影响土主权和领土完整。

（三）美土在解决问题的方法以及战争的合法性上有分歧。土耳其一直主张以和平手段解决伊拉克问题，反对使用制裁和武力，这与

---

① Morton Abramowitz, *Turkey's Transformation and American Policy*, New York: Century Foundation Press, 2000, p. 232.
② Spencer P. Boyer, Brian Katulis, "The Neglected Alliance Restoring US-Turkish Relations to Meet 21th Century," *Center for American Process*, Dec. 8, 2008, p. 7.
③ F. Stephen Larrabee, "Turkey as an American Security Partner," *Santa Menica RAND*, 2008, p. 8.

小布什政府的单边主义和先发制人的外交政策不同。制裁是美国对付中东"失败国家"和"无赖国家"的常用手段。土耳其与伊拉克互为邻国，在经贸往来上联系密切。美国对伊拉克实施经济制裁会伤及土耳其经济利益。另外在海湾战争中，美国在经济赔偿上失信于土耳其，使得土耳其蒙受巨大经济损失。同时，美国发动伊拉克战争并未得到联合国授权，这是美国发动伊战无法在国际上得到支持的根源。土耳其不想冒天下之大不韪，背负国内外巨大压力来支持美国。因此从严格意义上讲，美国发动伊拉克战争是非法的，土耳其不愿意无条件地与美国站在一起。当美国的行为不符合土耳其国家利益，并与国际法和国际制度相左时，土耳其的选择更加独立和务实，不再对美国言听计从。

（四）美土两国对伊拉克战争的理解角度不同，且利益不合拍。土耳其对美国干预中东事务并扩展在中东的影响力怀有矛盾心态，尤其是在未经联合国授权下，土耳其不能以牺牲本国主权和领土完整为代价，配合美国的行动。① 因此从某种意义讲，土耳其对美国存在不信任。冷战时期，土耳其就曾在古巴导弹危机、约翰逊信件事件中对美国的行为不满。冷战结束后，土耳其虽仍为北约成员国，但对北约的安全保证持怀疑态度，认为土耳其是北约的"灰色区域"，在关键时刻，难以保证北约为了土耳其利益挺身而出。在这种情况下，土耳其不想因美国利益而得罪中东国家，使土耳其身处被动地位。而美国则不同，站在推翻中东国家反美政权的角度，将萨达姆政权除之而后快。

（五）美土两国在库尔德问题上未达成一致。民族分离主义是土耳其国家安全的"梦魇"，土耳其希望美国在打击库尔德分离主义上给予援助。但是，美国对此态度摇摆不定。尽管美国将库尔德工人党列为恐怖组织，但在落实打击上未遂土耳其意愿。因为在伊拉克战争

---

① Ian Lesser, "Beyond Suspision: Rethingking US and Turkey," Woodrow Wilson International Center for Scholars, p. 4.

中，美国需要争取一切可以争取的力量，其中包括伊拉克的库尔德人。时任土耳其总理埃尔多安在国家电视台发表声明，对美国可能发动的对伊拉克行动表示担忧，怀疑军事行动产生的效果。土耳其不认为侵略是保卫美国人民的必要手段，为了国家安全美国应考虑防御而不是先发制人策略。未经联合国授权而发动战争，土耳其担忧这将造成伊拉克不稳定，给土耳其东南部带来混乱，进而不利于土库尔德族聚集的东南部地区的稳定。威胁国家统一，① 更让土耳其担忧的是，美国打击伊拉克可能会加速库尔德国家的建立。

（六）土耳其不愿开罪欧盟国家。以法德为代表的"老欧洲"国家反对美国发动伊拉克战争，对以加入欧盟为主要目标的土耳其而言，支持美国发动伊拉克战争意味着与法德站在对立面，更为它们拒绝土耳其加入欧盟提供口实。同时，土耳其国内政治发生重大变化，以往土耳其国内政局很少受到民众舆论的左右，而正发党上台后，国内舆论在外交决策过程中逐渐发挥作用。

小　结

"9·11"事件至伊拉克战争这段时期，是美土关系发展的转折期，美土关系紧密程度下降。"9·11"事件后，土耳其在第一时间向美国表达同情，并向其提供力所能及的帮助。在阿富汗战争中，土耳其履行了作为盟友应尽的责任。然而在伊拉克战争中，土耳其却没有表现出在海湾战争中的积极性，在很多重要问题上，土耳其采取了模糊或者推诿的态度，导致美国并未"享受"到盟国的帮助。因此，此时期美土关系出现问题，相互信任度降低，两国关系呈现如下特点。

（一）在与美交往中土耳其显示出更大的独立自主性。"9·11"事件前，土耳其与美国交往中已表现出一定的独立性。一方面由于冷

---

① Rajan Menon and S. Enders Wimbush, "The US and Turkey: End of an Alliance?" Hudson, Institute, 12 March 2005, p.137.

战结束不久，土耳其对国际安全环境的发展方向难以准确把握，不敢开罪美国，另一方面，土耳其的世俗主义力量，主要是军队势力，抑制了土耳其外交战略的转向。"9·11"事件后，国际格局发生了重大变化，美国本土遭到恐怖主义袭击，其将外交政策重心转移到反恐上来，这在外交上给予土耳其很大空间。随着民主化改革的深入，军方在土耳其国内也无法一手遮天，国内舆论在外交决策的影响力上升，这为土耳其外交增加独立性提供了契机。反对美国发动伊拉克战争，这仅是表层体现出的。在深层次上，2002年正发党上台后，土耳其实施外交新政，新政是对以土耳其"一边倒"亲美、亲西方政策的修正。与此同时土耳其采取多维度、灵活的外交政策，与中东伊斯兰国修好，同时加深与俄罗斯之间的交往，甚至与美国交恶的国家——诸如伊朗结好，很大程度上"稀释"美土关系，这种现象在以往难以想象，却在"9·11"事件后变为现实。同时，土耳其与美国的准盟国以色列恶语相向，埃尔多安称以色列为"国家恐怖主义"，这无疑使美国在复杂的中东事务中分心。

（二）美土间信任度进一步下降。冷战时期，美国因塞浦路斯问题，对土耳其实行武器禁运，引来土耳其的不满，激起土耳其国内反美主义的风暴。"9·11"事件后，美土双方相互怀疑，信任度大幅下降。土耳其对美国的不信任主要表现在两个方面：一是土耳其一直担心作为北约成员国，可能成为北约保护的"灰色区域"；二是土耳其对美国在中东地区的战略意图表示疑虑，担心美国在中东地区并未考虑土耳其的利益。例如在伊拉克战争中，土耳其高层曾指出，美国当然可以肆无忌惮地对远在万里之外的伊拉克进行狂轰滥炸，这对作为伊拉克邻国的土耳其来说却有另一番意义。美国这种以我为主，不考虑盟国利益的行为自然会引来盟国的不信任，这也在另一层面诠释了土耳其在外交上独立于美国倾向的原因。从美国角度来说，随着伊拉克战争的爆发，对土耳其的信任度也在下降。在美国政府看来，土耳其是支持美国的，但在伊拉克战争中土耳其的行为出乎意料，美国认为遭到了背叛。同时，土耳其接触、亲善与美国为敌的伊斯兰国家,这使得美国更加质疑土耳其的外交战略,在美国政界和学界开始展开对土耳其外交战略的讨论。有的学者认为土耳其的战略开始向东转移,美国正在失去这个盟友。客观来说,美国国内的土耳其"战略东移论"或者"失去土耳其"的观点有夸大之嫌。

(三)地缘战略位置在维系美土关系中的作用下降。"9·11"事件后,地缘因素在美土关系中的分量减轻。正如美国学者所言,美土关系已不是地缘战略狭隘概念的"囚犯",维系美土关系更为关键的因素不在于土耳其是侧翼还是前沿,桥梁还是障碍,而是土耳其如何采取行动,与美国的利益是否一致。①"9·11"事件后,美国更加确定缺少民主根基是恐怖主义产生的根源,因此在中东国家中寻找一个推行民主的突破口非常重要。美国政府明白,在中东国家推行民主战略,"攻城"为下,打造一个美国满意的中东国家,治本之方还是得"攻心",使得中东国家切身感受到民主化的优越性。土耳其在民主化以及世俗化方面所取得的进步是美国最为看重的。因此,在伊拉克战争中,美国与土耳其关系的维系不在于土耳其的军事能力和地缘位置,而在于土耳其的民主和多元性。②

笔者以为,美土关系在此时期进入转折期。应以一种新的姿态和眼光重新审视这对老盟友,延续冷战同盟思维已难以完整诠释当前的美土关系。经过双方的沟通与协商,美土之间可以延续同盟关系,但需要双方重新审视和定义两国的共同利益。

---

① Ian Lesser, "Beyond Suspicion: Rethinking US-Turkish Relations," *Insight Turkey*, Vol. 9, No. 3, Yuly 2007, p. 13.
② Nursin Atesoglu Guney, *Contentious Issues of Security and the Future of Turkey*, Aldershot, England: Burlington, VT: Ashgate, 2007, p. 75.

第三章
伊战后美土关系的新发展

伊拉克战争和海湾战争给美土关系造成的影响是不同的。伊战溢生的问题成为美土两国发展关系的障碍，诸如库尔德、伊核、巴勒斯坦等问题。但需要指出的是，分歧不是这段时期美土关系的全部，美土同盟关系的根基仍存。本章以伊拉克战争结束至阿拉伯之春为时间段，对该时期美土关系的发展进行综合评估和分析。

第一节 伊战后的美土关系

伊战后，美土两国在战争中的分歧不仅没有消除，并且在伊核、哈马斯、巴以冲突等问题上也出现了不同见解，两国有如此多的分歧点，这在以往美土关系中不常见。伴随而来的是，两国关系发展质量下降。

一 伊战后美国和土耳其面临的问题

伊战后，中东地区战略格局发生变化。伊拉克作为地区主要力量，由于战争的冲击，在中东地区的地位一落千丈。美国和土耳其也因为战争在中东地区的地位和影响力发生了变化，面临一系列问题和挑战。

从美国方面而言，美国面临三重困境：

一是美国形象在中东地区受损。小布什政府时期，美国对中东地区实行先发制人的单边主义政策，连续在阿富汗和伊拉克发动了战争,在中东推进民主和政权更迭战略,中东地区反美主义情绪高涨,直接导致美国在中东地区的形象大损。中东地区的国家和人民发现,美国大张旗鼓地发动反恐战争,并未产生很好的效果,按下葫芦浮起瓢,中东国家并未因反恐战争变得安全,反而更加不稳定。

二是恐怖主义难以根除。"9·11"事件后,美国在中东的主要外交目标是反恐和防止核扩散。但经历了一系列反恐行动后,恐怖主义非但没有销声匿迹,并有愈发猖獗之势。"9·11"事件的策划者本·拉登直到小布什总统届满仍然活跃在反美一线。阿富汗战争进程比较顺利,但战后阿富汗的重建却远比战争本身困难和复杂得多。阿富汗的恐怖活动也并未减少,时常在阿富汗出现诸如人体炸弹、汽车炸弹等恐怖袭击,令小布什政府始料不及。同时,核扩散也是伊战后美国政府在中东面临的重大问题。由于美国的小布什政府和伊朗的内贾德政府都奉行强硬的核政策,因此在核扩散问题上双方并未有明显的进展。其实这些问题的出现,很大程度上源于小布什政府在反恐上犯下一系列错误:扩大反恐行动、滥用武力、军事单边主义等。①

三是维护阿富汗和伊拉克的战后稳定。阿富汗战争推翻了塔利班政权,但塔利班在阿富汗的影响并未消失,美国也并没有完全控制阿富汗,塔利班还控制部分地区,并不时骚扰阿富汗新政府和美国驻阿军队。在伊拉克美国面临着同样问题,伊境内混乱的形势使美国苦不堪言,伊拉克反美主义盛行,民众不是将美国视为"救世主"而是入侵者,袭击政府和美军的事件时有发生。并且,美国在中东发动的反恐战争并没有达到预期目标。反恐战争前,恐怖组织已存在于中东地区,但没有出现蔓延之势。反恐战争后,恐怖主义和恐怖袭击成为见诸世界各大报端的主流词汇,这反映出恐怖活动愈演愈烈。由于美国不当的反恐政策,一定程度上激活了中东地区的恐怖活动。

从土耳其方面而言,伊战后土耳其也面临着不少问题。

---

① 参见维斯利·K.克拉克:《赢得现代战争:伊拉克战争、恐怖主义和美利坚帝国》,张旭译,青岛出版社,2004,第165页。

一是库尔德分离主义。后伊战时代，伊拉克的混乱无序和美国的单边主义增加了土耳其对自身安全的担忧。① 土耳其关心伊拉克的稳定，因为这与土耳其库尔德问题直接关联。2009年，土耳其发布国家安全报告，将库尔德分离主义作为最大安全威胁。伊战前，土耳其已对伊战给库尔德问题造成的影响做出前瞻，认为伊战将可能会引爆土耳其库尔德问题。事实证明，战后库尔德问题确实成为土耳其的安全隐患。

二是中东地区的和平稳定，与土耳其自身安全稳定息息相关。和平稳定的周边环境是土耳其经济发展的前提条件。在发动两场反恐战争后，美国成功将本土安全威胁转嫁到中东地区。尽管自二战结束以来，中东地区由于宗教、民族等问题局势比较复杂，但局限在几个国家，且均在可控的范围内。如巴以冲突是中东地区的主要矛盾之一，该矛盾自1948年以色列建国就已存在，在很大程度上并未与土耳其存在直接利害冲突。但伊战后，土耳其面对饱受战乱之祸的邻国伊拉克，担心伊拉克分崩离析，由此将负面效应溢进土耳其，影响土耳其的安全稳定。并且，在反恐战争刺激下，土耳其国内的恐怖组织也活跃起来。尤其是土耳其库尔德工人党，2004年政府和库工党又重燃战火。

通过分析伊战后美国和土耳其所面临的问题可以看出，两国既有共同利益，同时也存在不同的挑战。中东地区的和平与稳定是两国追求的共同目标，因为两国实施各自政策的基本前提是中东地区保持良好的国际环境，这无论对美国在中东地区推进民主，巩固中东地区的主导权，还是土耳其发展国内经济，都具有重要意义。而在一些问题上，诸如恐怖主义，尽管两国都将打击恐怖主义作为目标，但侧重点不同，美国主要打击基地组织和塔利班，同时以反恐为名，推进实现

---

① Soli Özel, *Rebuilding a Partnership：Turkish-American Relations for a New Era：A Turkish Perspective*, Turkish Industrialists' and Businessmen's Association, April 2009, p. 34.

其在中东地区的利益。但土耳其反恐目标是遏制库尔德工人党,维护土耳其的安全稳定。两国在库尔德问题上没有合拍,美国不顾土利益而只在乎自己的利益,使土耳其非常不满。由于美土两国在伊战后所面临问题不尽相同,以及在中东地区战略优先选择不同,双方存在着分歧和争端。

二 伊战后美国和土耳其之间存在的分歧和争端

伊战后,美土之间的分歧不断暴露出来。两国分歧不仅局限于伊战,同时还有其他方面的问题,具体如下。

(一)美国和土耳其对伊拉克北部的库尔德人的态度不同。土耳其反对美国支持伊拉克库尔德自治政府,担忧库尔德自治政府会吸引土库尔德分离主义者,博取国际社会对库尔德人自治的同情。一旦出现库尔德自治政府甚至是库尔德国家,不仅会影响土耳其的领土完整,并且在周边地区还会出现敌对国家。在美国策划伊战时,土耳其就警告美国,战争可能导致库尔德国家的建立。

但美国对此有不同看法。在战争之初,美国要求土耳其在其境内开辟打击伊拉克的战场,遭到土耳其的拒绝。因此美军只能把部队空投到伊北部库尔德人地区,伊北部库尔德人成为美国的主要伙伴,并占领了当地很多重要城镇。伊拉克重建期间,伊北部库尔德领导人经常在伊拉克和美国交往中扮演中间角色。① 2005 年,伊拉克库尔德自治区领导人巴尔扎尼受邀访问美国,体现出美国对伊拉克库尔德人的重视。土耳其希望在处理伊拉克库尔德人时,美国充分考虑土耳其的利益。但伊战后美国最棘手的问题是重建伊拉克,防止伊拉克出现混乱。因此,美国在伊拉克国内争取一切可以争取的力量,从而削弱支持萨达姆的余孽,建立亲美的伊拉克政权。

美国与土耳其在库尔德问题上的分歧直接反映在土耳其越境打击库尔德人上。2007 年 10 月,土耳其大国民议会以 507 票赞成、19 票

---

① 汪波:《美国中东战略下的伊拉克战争与重建》,时事出版社,2007,第 249 页。

反对，通过了政府有关采取越境军事打击盘踞在伊拉克北部的库尔德工人党武装的决议。土耳其议会通过该决议原因有二：一是美国开了越境打击恐怖主义的恶例，土耳其有权保卫国家安全；二是库尔德工人党已被国际社会定性为恐怖组织。① 美国对土耳其的行为不满，因为这将对美国的伊拉克重建增添不确定因素。但为安抚并避免过于刺激土耳其，美国还是做出让步。2007 年 11 月，时任美国国务卿赖斯在安卡拉重申库尔德工人党是恐怖组织，是美国和土耳其的共同敌人。② 从对库尔德问题的不同看法可以看出，两国在对待库尔德问题上是两条平行的思维方式，两者之间并未产生交集。土耳其是站在国家主权和领土完整、国家安全的角度，而美国则是从战后伊拉克重建的角度。

（二）伊战后美土在以色列对加沙地带的政策态度有很大不同。自 2008 年以色列对加沙地带发动代号为"铸铅行动"的军事行动后，土耳其不断指责以色列的暴力行为，埃尔多安在多种场合斥责以色列的行为是"国家恐怖主义"。土耳其在加沙问题上坚定地站在巴勒斯坦一方，认为巴勒斯坦是受害者，以色列的军事存在是非法的，以色列应该退出加沙地带。2010 年以色列海军袭击了开往加沙地带的土耳其籍救援船，这成为土以关系下滑的导火索。在土以关系问题上，美国表面采取了不会偏袒任何一方，但实际是支持以色列的态度。这使土耳其非常不满，美土均不是加沙问题的直接攸关方，但土耳其希望改善与伊斯兰国家的关系，而保证以色列的安全是美国在中东地区的战略目标。因此，在以色列加沙问题上的不同立场造成了美土间的分歧。

（三）美土对中东地区伊斯兰国家的态度不同。伊战后，美国在中东国家的威望和形象急转直下，所谓的软实力被小布什政府的两场

---

① 汪波：《"越境打击"的国际影响》，《解放日报》2007 年 11 月 7 日。
② Rhonda L Callaway, Elizabeth G. Matthews, *Strategic US Foreign Assistance: The Battle between Human Rights and National Security*, Aldershot, Hampshire: Ashgate, 2008, p. 160.

战争损坏殆尽。冷战时期，土耳其被中东国家视为美国在中东地区的"傀儡"。新时期，土耳其不希望一味跟随美国，被中东国家所唾弃。加之美国在中东地区形象下降，中东国家的反美主义运动此起彼伏，美国在中东地区的战略不符土耳其的利益。在这种背景下，土耳其加强了与中东伊斯兰国家的关系。然而，作为美国在中东地区的盟友，美国不希望土耳其与伊斯兰国家关系过于亲近，因为这其中有很多是与美国交恶的国家，在这些国家眼中美国是不受欢迎者。一旦土耳其在施政方向上转向伊斯兰世界，这将对美国的中东战略造成重大打击。

（四）美土两国对土耳其是否仍有伊斯兰性质存有分歧。在笔者看来，美国在土耳其的伊斯兰性质上心存矛盾。美国一直支持土耳其民主化、世俗化的改革，希望土耳其成为西方化国家，从而可以更好地协助美国实现其中东战略目标。但鉴于土耳其位于伊斯兰世界，美国不希望土耳其与中东国家过于划清界限，而是希望通过土耳其架起东西方国家之间的桥梁。从这个角度看，美国不希望土耳其完全去伊斯兰化。尤其是在伊战后，美国在中东的威信急剧下降，为了提振美国在中东地区的威信，美国不愿再进一步恶化与伊斯兰国家的关系，信仰伊斯兰教的土耳其可以作为桥梁连接美国与伊斯兰国家的关系。另外，美国将土耳其树立为中东地区的榜样，视为伊斯兰教和民主共存的典范，信仰伊斯兰教的国家可以如同土耳其一样实现民主化。从而使土耳其在美国倡导的大中东民主倡议中发挥重大作用。[1] 因此，美国将温和伊斯兰的"标签"贴在土耳其上。但是，土耳其对伊斯兰化并不感兴趣，在凯末尔主义指导下的世俗化改革不可逆转。2004年4月，美国前国务卿鲍威尔将土耳其列为伊斯兰共和国，土耳其对此表示质疑，指出土耳其是世俗化民主国家，宗教仅是私人事务。[2]

---

[1] Aylin Güney, "An Anatomy of the Transformation of the US-Turkish Alliance: From 'Cold War' to War on Iraq," *Turkish Studies*, Vol. 6, No. 3, Sep. 2005, p. 355.

[2] Aylin Güney, "An Anatomy of the Transformation of the US-Turkish Alliance: From Cold War to War on Iraq," *Turkish Studies*, Vol. 6, No. 3, Sep. 2005, p. 355.

直到鲍威尔收回言论后,这场话语危机才算结束。

从土耳其角度来说,不接受别国贴上的伊斯兰国家标签。自共和国建立以来,土耳其以世俗主义作为立国之本。融入西方、政教分离一直是土耳其的战略目标。即使是具有伊斯兰色彩的正发党,2002年上台以来,也拒绝外界将其定位为伊斯兰政党,而一直以民主保守党自居。另外,土耳其拒绝伊斯兰标签还与土耳其自我定位的国际地位相关。一般而言,美国将土耳其视为温和伊斯兰国家的另外一层含义是希望土耳其架起连接东西方之间的桥梁,但是土耳其正发党政府并不愿将自己视为桥梁,因为这样会贬低土耳其的国际地位,使得土耳其处于被动地位。正发党将土耳其定位为多极世界中的一极,桥梁显然与土耳其的外交目标不相符。因此无论美国以何种方式将土耳其树立为其他伊斯兰国家的民主楷模,土耳其都视之为对世俗认同的威胁。[①]

以上是笔者对美土分歧的评估。美土两国分歧确实给同盟关系造成冲击,因为在解决分歧过程中,会有碰撞,在碰撞中会削弱同盟基础。但同时,也不能放大两国分歧带来的负面影响。美土毕竟是经历了半个多世纪的盟友,有一定的默契,拥有调解关系的能力和经验。尽管如此,土耳其作为一个新兴国家,在加入欧盟未果,美国在中东地区一意孤行的背景下,调整本国的外交政策也是顺理成章之事。

三 土耳其外交转型

以埃尔多安为总理的土耳其政府,在外交上改变了以往单维度、不平衡的政策,开始逐渐向多维度、平衡化的方向发展,积极扩展在中东、中亚、高加索、巴尔干等地区的影响力,改善与邻国的关系,显示出更大的独立性。但是,土耳其作为西方国家尤其是

---

① F. Stephen Larrabee, "Troubled Partnership: US-Turkish Relations in an Era of Global Geopolitical Change," Santa Monica, CA: RAND, 2010, p.46.

美国的传统盟友，以西方国家为基轴的外交战略不会在短时期内发生根本改变，外交政策的东移不过是亲西方政策的补充，用以完善外交政策。

埃尔多安政府执政后，土耳其的外交政策在"战略深度"思想指导下，外交行为不乏"亮点"。在某些外交事务中，与美国的外交政策不合拍，甚至有抵触，土耳其出现了脱离西方的外交迹象。埃尔多安政府以一种新面貌出现在国际舞台上，这引起国际社会尤其是西方社会的关注。土耳其的西方政策分两个层面，一是加入欧盟；① 另一个是以与美国同盟为基础的跨大西洋关系。

土耳其一直矢志不渝地追寻"欧洲梦"。但目前来看，土耳其的"欧洲梦"仍将继续。尽管埃尔多安政府一直努力按照欧盟规定的"哥本哈根标准"②进行国内改革，但欧盟对此仍不满意。土耳其认为欧盟所谓的"哥本哈根标准"实质是针对土耳其的"安卡拉标准"，是双重标准。在欧盟内部，强烈反对土耳其加入欧盟的国家除土耳其的传统敌国希腊和塞浦路斯外，法国和德国也是强烈抵制国，它们仅允许给予土耳其"特殊伙伴关系"地位。这不仅打击了土耳其加入欧盟的决心，并且不可避免地影响土耳其的外交方向。

埃尔多安政府面对美国时，强调独立性和协调性，这种独立性并不是与美国为对立面，而是更加强调以本国利益为导向，发展与美国关系。在很多事务上，土耳其更加突出协调的作用，而不是以

---

① 在1959年，土耳其就向欧盟的前身欧洲经济共同体提出联系国申请。1963年，土耳其与欧共体签署了《安卡拉协议》，成为欧共体联系国。1987年，土耳其提出正式加入申请。1996年，土耳其与欧盟实现关税同盟。1999年底，欧盟给予土耳其候选国地位。2005年10月3日欧盟开始同土耳其就正式"入盟"问题谈判。至现在，土耳其加入欧盟仍旧悬而未决。

② 哥本哈根标准是一系列用来衡量某国家是否有资格加入欧盟的标准。它是由欧洲理事会于1993年6月在丹麦首都哥本哈根制定。政治方面，它主要要求候选国有稳定的民主制、尊重人权、法制和保护少数民族；经济方面，它要求候选国真正地实行市场经济；法律方面，则要求候选国接受欧盟法系中的公共法、规则和政策。

美国马首是瞻。

埃尔多安政府采取积极措施，发展与周边邻国的关系，并提出与邻国"零问题"的外交原则，力争塑造和平稳定的周边环境。土耳其加重了东方国家在外交中的分量，改善与中东国家的关系，重视与亚太国家的交往，特别是与中国的关系。当然，阿拉伯之春爆发后，土耳其调整外交政策，尤其是在与叙利亚关系上，在阿拉伯之春前后，土耳其实行完全不同的政策，出现从接触到敌视的转变。

土耳其调整外交政策不是随意的，有一定原因。从文化和宗教的角度而言，土耳其是东方的伊斯兰国家。从政治制度的角度而言，是欧洲国家。从人口数量和收入水平的角度而言，土耳其还是发展中国家。① 对这样一个处在十字路口上的国家，外交上长期奉行单一外交政策是不现实的。根据国内外形势变化，埃尔多安政府奉行较为灵活、务实的新外交政策，旨在更有效地维护国家利益。时任土耳其外长达武特奥卢在2009年各国驻土耳其大使的联谊会上提出共和国建国百年畅想，很能说明埃尔多安政府的外交目标："在2023年土耳其共和国建国100周年时，土耳其达到加入欧盟的所有标准，成为欧盟正式成员国，与邻国和平相处，经济上融入周边地区，积极参与涉土耳其的事务，积极参与解决全球性问题，经济上进入世界前十。"②

埃尔多安政府推出外交新政有三大目标。一是为维护国内政局稳定。土外交新政很大程度上是吸取以往土耳其外交政策的教训。从1995年至1996年，土耳其的执政党为繁荣党，该党具有伊斯兰色彩，主张加强与伊斯兰世界的联系，反对加入欧盟。繁荣党政府实行带有伊斯兰主义的内外政策，招致以军队为主的世俗主义的反对，繁荣党迅速下台。反过来，过度亲西方的外交政策也有批评声音，土耳其是信仰伊斯兰教的国家，国内穆斯林对伊斯兰国家有天然好感；加

---

① Mesut Özcan, *Harmonizing Foreign Policy: Turkey and the Middle East*, Aldershot, England; Burlington, VT: Ashgate, 2008, p. 81.

② Loannis N. Grigoriadis, "The Davutoglu Doctrine and Turkish Foreign Policy," Working Paper No. 8/2010, Middle Eastern Studies Programme, April, 2010, p. 9.

上伊拉克战争，美国在土耳其的形象有损。美国皮尤研究中心在2009年春的一次调查中显示，仅14%受访的土耳其人对美国抱有好感，尽管该数字较小布什政府时期有一定提高，但仍是被调查的25个国家中最低的。① 因此，一味坚持"一边倒"的亲西方政策会激起土耳其民众的不满。

二是外交新政可为土耳其经济崛起提供更广的空间。目前土耳其是G20的成员国，经济总量在全世界居第16位，希望在建国百年时GDP总量进入世界前十。但土耳其在经济发展过程中有很多阻力和困难。土耳其在经济上欲有更大作为，必须开拓新市场。中东市场对土耳其经济发展无疑具有积极影响，同时，中东丰富的能源也是土耳其经济发展不可或缺的。面对亚太地区特别是中国的快速崛起，土耳其认识到亚太地区已成为全世界经济最为活跃的地区。

三是有效维护土耳其安全利益。土耳其与邻国相互合作，可有效地打击库尔德分离主义。库尔德问题不仅是内政问题，还是涉及数国的国际问题。土耳其很难单独解决该问题，需要伊朗、伊拉克和叙利亚等国的支持与合作。同时，土耳其新政还可为土耳其营造和平安全的环境。因为在中东地区除了美国占据主导地位外，中东国家间也竞相争夺地区大国地位，土耳其主动与相关国家沟通交流，一方面有利于协调中东国家间的关系，另一方面不会被孤立。在伊拉克问题上，土耳其表现得最为明显，土耳其希望伊拉克建立强力有效的政府，保持土耳其、伊拉克和伊朗权力平衡，更好地维护地区和平。②

土耳其调整外交政策也取得了不错效果。自正发党上台以来，土耳其政治稳定，这与新外交政策不无关系。土耳其95%的人口是穆斯林，伊斯兰政治活动从未停息。从2002年到2007年，认同自己为

---

① Richard Wike, "Negative Views of U. S. Unchanged in Turkey," *Pew Global Attitudes Project*, Dec. 3, 2009. http：//pewresearch. org/pubs/1429/negative-views-of-america-unchanged-in-turkey.

② William Hale, "Turkey and the Middle East in the 'New Era'," *Insight Turkey*, Vol. 11, No. 3, July, 2009, p. 146.

穆斯林的土耳其人增加了10%，几乎一半土耳其人认为自己是伊斯兰主义者，① 这使土耳其与中东伊斯兰国家产生共鸣。具有伊斯兰色彩的正发党推出的新外交政策无疑是对这种认同和归属的积极回应。经济上，新外交政策给土耳其带来了实惠，使土耳其与中东国家的经贸水平有了很大提高。中东的投资者，特别是来自海湾的石油出口国，对向土耳其投资显示出极大兴趣，这推动了贸易投资额大幅上升。②

伊拉克是土耳其重要出口市场之一。2008年，土耳其和伊拉克的贸易量达到40亿美元，如果伊拉克政治保持稳定，石油经济恢复，双边经济水平还能提升。同时，土耳其和伊朗的贸易量超过102亿美元，2000年两国贸易额仅为10亿美元。③ 土耳其安全环境也得到很大改善。2008年2月，土耳其与伊朗签订了安全合作备忘录，旨在打击库尔德分离主义者上分享情报，协调军事行动。④ 除此之外土耳其获得了伊拉克新政府反对建立库尔德国家的承诺。2009年3月，伊拉克总统塔拉巴尼向土耳其保证，反对库尔德人独立建国，反对土耳其、伊拉克和伊朗境内的库尔德人联合。

第二节　对后伊战时代美国和土耳其同盟关系的认知

伊战后，由于美土之间出现种种分歧，美国国内政界和学界出现"丢失土耳其"的讨论。实际上，美土两国在一些国际事务上存在分

---

① Soner Cagaptay, "Is Turkey Leaving the West?" October 26, 2009, http://www.foreignaffairs.com/articles/65661/soner-cagaptay/is-turkey-leaving-the-west?page=show.
② William Hale, "Turkey and the Middle East in the 'New Era'," *Insight Turkey*, Vol. 11, No. 3, July, 2009, p. 144.
③ William Hale, "Turkey and the Middle East in the 'New Era'," *Insight Turkey*, Vol. 11, No. 3, July, 2009, p. 153.
④ William Hale, "Turkey and the Middle East in the 'New Era'," *Insight Turkey*, Vol. 11, No. 3, July, 2009, p. 154.

歧，但两国关系尚未到僵化地步。土耳其并未完全独立于美国，也没有另立门户的决心和实力。

一 美国国内出现"丢失土耳其论"和"土耳其战略东移论"

"9·11"后，美土矛盾和分歧出现井喷。此时正发党政府调整土耳其外交政策，改善与伊斯兰国家、俄罗斯的关系，其外交更加独立自主。针对这些情况，研究土耳其的美国政客和专家开始担忧土耳其可能彻底调整亲西方的外交政策，转向东方，脱离传统的亲西方外交轨道。其实这在美国国内不是第一次出现这种声音，早在20世纪90年代埃尔巴坎任总理时，土耳其加强与伊斯兰世界的联系，西方就斥责土耳其转移战略重点。进入21世纪以来，尤其是具有伊斯兰背景的正发党上台后，美国国内再一次出现这种声音。土耳其外交新政不仅引起美国政界的不满，而且受到学术界的极大关注，在学术界出现了"丢失土耳其"和"土耳其战略重心东移"的讨论。① 其实这是对土耳其外交政策调整的一种误解。笔者以为，土耳其外交政策调整是为了修补以往外交政策的不足，为维护土耳其的利益而完善外交政策，西方国家尤其是美国仍旧是土耳其外交政策的重中之重。

从表面上看，埃尔多安政府的外交政策有违传统的亲西方外交战

---

① 国际学术界有关"丢失土耳其论"和"土耳其战略东移论"的论文和专著如下：Mark Parris, "Allergic Partners: Can U. S.-Turkish Relations Be Saved?," *Turkish Policy Quarterly*, Vol. 4, No. 1, Spring 2005. Aylin Guney, "An Anatomy of the Transformation of the U. S.-Turkish Alliance: From 'Cold War' to 'War on Iraq'," *Turkish Studies*, Vol. 6, No. 3, September 2005. Rajan Menon, S. Enders Wimbush, "Is the United States Losing Turkey?" Hudson Institute, 25 March 2007. Bill Park, "U. S.-Turkish Relations: Can the Future Resemble the Past?" *Defense & Security Analysis*, Vol. 23, No. 1, March 2007. Philip H. Gordon, Omer Taspinar, *Winning Turkey: How America, Europe and Turkey Can Revive a Fading Partnership*, Brookings Institution Press, 2008. Morton Abramowitz, Henri J. Barkey, "Turkey's Transformers," *Foreign Affairs*, Vol. 88, Issue. 6, Nov./Dec. 2009. Hugh Pope, "Pax Ottomana: the Mixed Success of Turkey's New Foreign Policy," *Foreign Affairs*, Vol. 89, Issue 6, Nov./Dec. 2010。

略，战略重心出现由西向东的迹象。但从整体上分析，土耳其外交政策的历史以及目前所处的国际环境可以看出，土耳其并没有脱离亲西方的外交战略轨道。埃尔多安不仅多次否认土耳其外交战略重心由西向东转，而且重申外交战略不会改变。土耳其接触与美国交恶的伊朗，并非要加入它们的阵营，任何有关土耳其脱离西方的言论都动机不纯。①

虽然埃尔多安组阁以来，土耳其与美国在伊拉克、巴以、叙以以及伊核等问题上龃龉不断，但这些分歧很大程度上源于解决问题的方式，而非根本目标的分歧。土耳其并不支持伊拉克战争，伊战前土耳其做了很多外交努力，希望和平解决问题。之所以如此，不仅因为这是一场未经联合国授权的战争，更重要的是一旦开战，这场战争可能打破土耳其和伊拉克边界的稳定，从而引起库尔德分离主义的躁动。在伊拉克战争中，土耳其议会否决了美国开辟北方战线的要求。在美国看来这是不可接受的，它惊呼土耳其不再是其盟友。在优先实现自我利益的美国看来，土耳其是不称职的盟友。但是，开辟北方战线可能直接引爆库尔德分离主义活动的引线，土耳其此举不过是为保护本国利益，并不意味着要脱离以美国为首的西方阵营。美国指责土耳其，表明其未考虑盟国利益。

土耳其强化与中东国家间的关系，这不代表土耳其加入伊斯兰世界，与以美国为首的西方国家为敌。首先，埃尔多安政府在中东地区推进民主，与美国一致，仅是推进方式不同。埃尔多安政府主张以间接、隐蔽的方式推进民主。② 这与美国赤裸裸甚至以军事手段推进民主有很大不同。土耳其认为，如果美国希望中东国家走向稳定和民主，应该通过外交途径进行接触，改变中东国家政权的有效方法是打

---

① Benjamin Harvey, "Erdogan Rebuffs U. S., Insists Turkey isn't Iran Ally," June 17, 2010. http: //www. businessweek. com/news/2010 - 06 - 17/erdogan-rebuffs-u-s-insists-turkey-isn-t-iran-ally-update2-. html.
② Transatlantic Academy, "Getting to Zero Turkey, Its Neighbors and the West," *the* 2010 *Report of the Transatlantic Academy*, Jul. 1, 2010, p. 29.

开沟通渠道,鼓励这些国家融入世界,使它们在面对民主压力时实现民主化和自由化。① 以哈马斯问题为例,埃尔多安指出:"如果想让民主在中东地区生根,首先我们必须尊重人民的选举,如果我们想消除隔阂,我们必须考虑到各方;如果仅是承认法塔赫代表巴勒斯坦,这样不会产生让所有巴勒斯坦人民满意的结果。因此,必须同时考虑哈马斯,因为它们是巴勒斯坦政治力量的一部分,它们赢得了大选。"② 其次,土耳其试图利用本国在宗教、地缘位置上的优势,成为美国和伊斯兰国家之间的调解者,为美国主导中东和平进程和伊核问题作出贡献。

在未与中东国家接触的情况下,该地区的许多问题是不可能解决的。土耳其加强与哈马斯的关系,从中调解,使美国更有效地介入和平进程施加积极影响,推动阿以冲突和平解决。③ 在伊核问题上,土耳其主张中东地区无核化,反对中东地区核扩散,但又对伊朗有权和平利用核能表示理解。土耳其认为,避免中东地区核扩散的有效方式是规劝,而非威胁,这样才能保持地区和平稳定,防止土耳其经济发展所需要的稳定因素遭到破坏。④ 在伊核问题上,土耳其希望成为美国和伊朗间的"缓冲器",而不是刻意与美国为敌,土耳其加强与伊朗的关系并不是为了组建反美联盟,而是为了防止美国与伊朗关系恶化,从而引发地区战争。⑤ 因此,在美国看来土耳其以一种偏软并稍带放纵的态度来处理伊核问题。

---

① Tarik Oğuzlu, "Middle East of Turkey's Foreign Policy: Does Turkey Dissociate from the West?," *Turkish Studies*, Vol. 9, No. 1, March 2008, p. 9.
② International Crisis Group, "Turkey and the Middle East: Ambitions and Constraints," *Europe Report N.* 203, 7 April, 2010, p. 18.
③ Transatlantic Academy, "Getting to Zero Turkey, its Neighbors and the West," the 2010 Report of the Trasatlantil Academy, Jul. 1, 2010, p. 29.
④ Hugh Pope, "Pax Ottomana: the Mixed Success of Turkey's New Foreign Policy," *Foeign Affairs*, Vol 89, No. 6 Nov. -Dec. 2010, p. 165.
⑤ Nursin Atesoglu Guney, *Contentious Issues of Security and the Future of Turkey* Ashgate, 2007, pp. 93 – 94.

无论从经济利益上还是从安全利益上看，土耳其也不会放弃秉承了数十年的亲西方外交战略。在经济上，土耳其与欧盟的联系比较紧密，欧盟是土耳其最大的贸易国和最重要的商品出口市场。正如埃尔多安在接受德国《明镜》周刊访问时指出，土耳其对外贸易中的约60%是与欧洲而不是与海湾国家进行的，与美国的贸易额达10%，同中国的占6%。① 土耳其作为欧盟的近邻，商品、服务、资本和劳务市场大都集中在欧盟，土耳其无法承担失去欧盟市场带来的损失。在安全方面，土耳其深信完全偏离亲西方的战略不符合自身安全利益。土耳其是北约成员国，这意味北约保护土耳其安全具有法律效力。如果土耳其与西方国家，尤其是与美国关系破裂，不仅将无法得到北约的安全保护，其安全空间也会缩小，甚至西方国家可能会对土耳其反戈相击。

土耳其外交政策不断调整，不断加强与中东伊斯兰国家和俄罗斯的关系，与此同时与西方国家的关系渐行渐远，土耳其的外交风向是否改西向东？这种外交行为是战略改变还是政策调整？实际上，埃尔多安政府既未改变加入欧盟的外交战略，也没有放弃亲西方的外交立场。持"丢失土耳其"论者显然是冷战思维在作祟，把世界划分为"我们—他们"，奉行非友即敌的外交原则，他们不仅把不符合西方特性的国家视为异类，而且不顾盟友利益，要求其盟友按照西方大国意志行事，不得逾越雷池半步。持"土耳其战略重心东移"论者没有从整体上把握土耳其中东政策，只见树木，不见森林。

需要指出的是，一国外交战略发生大的改变非一朝一夕所能完成，并且这与一国的综合国力和国家利益有直接联系。凯末尔主义已根深蒂固渗透在土耳其外交思想中，这决定了土耳其外交战略方向不会发生大的变化。在国家对外战略中，战略目标应与国家的综合实力

---

① 《埃尔多安接受德刊专访土耳其与伊朗、伊拉克及欧盟关系》，http://www.cetin.net.cn/cetin2/servlet/cetin/action/HtmlDocumentAction? baseid = 1&docno =308508。

相匹配,综合国力在很大程度上决定着国家对外战略目标的制定和实现。尽管土耳其现在的综合国力有了很大提高:经济总量位居全世界第 16 位,是 G20 的成员国;军事规模在北约仅次于美国;还曾为联合国安理会的非常任理事国。土耳其的国家实力正处于一种上升但又远未达到与西方国家抗衡的阶段,这意味着土耳其在外交舞台上希望有一番作为,采取积极、多元的外交政策,但又不能脱离亲西方外交轨道。时任土耳其总统居尔也一直在强调,土耳其加入欧盟是主流,也是土的外交战略。① 因此,土耳其亲西方的对外战略短时期内是不会改变的。

二 伊战后美土间的相互定位和审视

冷战期间,美国和土耳其在古巴导弹危机、约翰逊信件事件上有过争执,这引起土耳其极大不满。但在冷战氛围下,面对苏联的安全威胁,土耳其更看重美国的安全保证。因此在冷战期间,美土两国基本上保持了良好关系。冷战后,尤其"9·11"事件后,美土之间分歧不断,但基本上保持了冷战时期的同盟范式。笔者以为,美土之间的裂痕并非无法弥合,而是在新国际战略态势下,两国未很好地重新审视对方,还是以冷战思维来定位对方。美国仍将土耳其视为维护全球战略利益的主要支轴国家。土耳其则认为,作为安全保证者,美国应首先考虑的是土耳其的安全利益。因此,这两种思维方式导致美国的全球利益与土耳其的地区利益和国家利益无法合拍,两国分歧不断。

美国和土耳其必须认识到两国不是天然盟友,② 更不能与美英同盟关系等量齐观。因为,美英有着深厚的渊源,两国在文化、意识形态和政治制度上具有相似性,因此将美英关系描述为"特殊"同盟

---

① 参见《土耳其总统否认外交政策有变:加入欧盟是主流》,新华网,http://news.xinhuanet.com/world/2010 – 06/12/c_ 13347106.htm。

② Ian Lesser, "Beyond Suspision: Rethingking US and Turkey," *Insight Turkey*, Vol. 9, No. 3, July, 2007, p. 11.

关系。而美国和土耳其则在文化、宗教信仰，甚至政治制度上存在很大不同，土耳其仅自共和国成立以来，开始全方位向西方学习、向西方靠拢，在西方化的道路上仅是"后来者"。除此之外土耳其是具有伊斯兰教信仰的国家，并在历史上长期实行政教合一的政治制度，因此美土同盟需要更多的外在条件进行维持。鉴于此，双方需要在不同的国际环境下对双边关系进行"矫正"，不断调整审视对方的方式和态度。

美土两国的政界和学界认为伊拉克战争将成为美土两国关系的分水岭。当然对该观点有一定争议。笔者以为，应从不同层次观察伊拉克战争是否为美土关系的分水岭。如果认为伊拉克战争是美土关系从同盟关系走向断裂的标志，此后土耳其脱离美国的外交轨道，另辟外交新空间，而美国也将土耳其视为与美国关系一般的国家，这种观点有失偏颇。毕竟土耳其仍为北约的成员国，半个多世纪的同盟关系基础比较牢固，两国具有自我修复和调适的能力。但也不能忽视伊拉克战争对美土关系的负面影响，伊拉克战争至少为美土同盟关系敲响了警钟。它表明：土耳其开始对美国提出的要求说"不"；在事关土耳其重大国家利益问题上，土耳其不会信赖所谓"战略合作"的保证。[1]

由此可见，如果美国一味认为，土耳其会无条件顺从美国在中东地区的行为，这就打错了算盘。尽管土耳其在冷战期间曾为美国网织巴格达条约组织，冷战结束后在海湾战争中支持美国，但在伊拉克战争中土耳其调整了对美思路。正发党上台后，土耳其实行一种更加务实、独立的多维度外交政策，开展全方位外交。因此，美国和土耳其应在以下几个方面调整对对方的认识。

（一）探索美土关系发展的新增长点。当今世界注重发展全方位的双边关系，美国不能将土耳其仅视为在中东地区的战略财富，而土

---

[1] Mrak Parris, "Allergic Partners: Can US-Turkish Relations be Saved?" *Turkish Policy Quarterly*, Vol. 4, No. 1, Spring 2005, p. 2.

耳其也不能将美国视为是安全保证国家。2004年,沃尔福威茨曾提到,美土战略关系已经发生变化,不再与以前一样。过去这种关系建立在军事同盟之上,但这个时期已过去,军事关系仍然存在,但还有政治、经贸和人文关系等。① 因此,美土两国应拓展发展思路,将双边关系拓展得更为宽泛,两国之间的关系将更加紧密,同盟的基础更为牢固。相反,如果延续冷战时期同盟的基础和内容,美土间的裂痕会越来越大。

(二) 美国和土耳其应协调各自国家利益。在这方面,美国需要更加积极主动。因为冷战结束后,美国在全球争夺和巩固主导地位的目标未发生变化。但土耳其维护国家安全的内容发生了变化,防范对象有所改变,从苏联转变为库尔德分离主义。如果美国充分认识到土耳其对库尔德分离主义的担忧,那么处理新时期与土耳其间的关系就较为容易。美国和土耳其出现纷争,很大程度上是美国对土耳其库尔德分离主义恐惧认识不深,这导致美国在中东地区的战略利益和土耳其不合拍。比如土耳其在伊战中拒绝开辟第二战场,改善与伊斯兰国家的关系,在很大程度上是为了营造更好的周边国际环境。而美国在中东的目的是维护其在中东地区的主导地位,防止出现地区主导国家,美需要土耳其为实现其利益而服务。美土间利益不同,在实现各自利益过程中可能出现冲突。在与土耳其的交往中,美国需要认识到,美国介入土耳其周边地区事务势必要照顾到土耳其的利益。② 美国应认清土耳其的利益底线,适当照顾土耳其的国家利益。许多中东事务可能会涉及土耳其的核心利益,而对于万里之外的美国而言,无论中东发生多大变故,均不会直接影响美国本土安全。

(三) 美国需重新认识土耳其地缘位置的作用,土耳其也需要反

---

① Aylın Güney, "An Anatomy of the Transformation of the US-Turkish Alliance: From 'Cold War' to War on Iraq," *Turkish Studies*, Vol. 6, No. 3, Sep. 2005, p. 354.

② Mrak Parris, "Allergic Partners: Can US-Turkish Relations be Saved?" *Turkish Policy Quarterly*, Vol. 4, No. 1, Spring 2005, p. 7.

省自身的地缘位置在制定外交战略的作用。数十年以来,美土关系被描述为战略性、可持续、相互支持的关系。如今,双边关系走下坡路,由于对伊拉克战争看法不同,两国对国际事务优先性考虑也存在不同看法。①

笔者以为,定位美土关系仍然不能摆脱同盟框架。尽管两国有争端和分歧,但美土都不能承担失去对方的后果。2003年3月,沃尔福威茨在参议院拨款委员会上证实,推进伊斯兰世界的现代化和民主化对美国的利益至关重要,土耳其作为伊斯兰世界为数不多的民主国家对推进美国民主战略意义重大。因此,小布什政府向土耳其紧急援助10亿美元,帮助土耳其应对伊拉克战争,该援助的意义在于使土耳其作为前沿国家能够顶住经济损失压力。② 2006年7月,美土签订《共同展望对话提升战略伙伴关系》文件。2009年,美国总统奥巴马访问土耳其,土耳其是奥巴马总统上任以来访问的第一个伊斯兰国家。法新社对这次访问作出如下评论,土耳其作为北大西洋公约组织成员中的唯一一个伊斯兰国家,是美国介于欧洲、高加索以及中东战略区域的亲密盟友。其"中介"身份,对美国来说,具有跨地域、跨宗教的意义。奥巴马将改善因伊拉克战争和偏袒以色列而受损的与伊斯兰国家的关系作为其恢复国际地位的主要途径。③ 访问土耳其期间奥巴马强调,美土关系是世界上双边关系的"榜样"。④ 在导弹防御、防止大规模杀伤性武器、解决伊拉克问题、促进中东和平进程、平息伊斯兰原教旨运动、推进民主、平衡俄罗斯和中国在中亚的力量以及能源安全等方面,美国需要土耳其。⑤ 因此,美国需要加强与土

---

① Ian O. Lesser, "Turkey, the United States and the Delusion of Geopolitics," *Survival*, Vol. 48, No. 3, Autum, 2006, p. 83.
② Rhonda L Callaway, Elizabeth G. Matthews, *Strategic US Foreign Assistance: The Battle between Human Rights and National Security*, p. 139.
③ 郑秋甫:《奥巴马土耳其之旅的背后》,《学习时报》2009年4月13日,第2版。
④ 李玉东:《美国土耳其强化战略合作》,《光明日报》2009年4月9日,第8版。
⑤ Hüseyin Bağci, "Changing Geopolitics and Turkish Foreign Policy," June 2009, p. 5.

耳其的关系，支持土耳其加入欧盟，鼓励土耳其进行民主化改革，阻止土耳其非西方化趋势。美国在制定政策前应加强与土耳其的磋商和交流，避免越顶外交。①

美国之所以如此，是因为其不愿失去土耳其这个盟友。对小布什政府而言，伊拉克困局已注定无法在任期内解决，因而力促斡旋巴以和平，希望依靠外交挽回颜面。对美国而言，土的重要性体现在诸多方面。首先，土耳其是小布什政府改造大中东计划的重要环节，世俗化、民主化的土耳其可以成为中东其他伊斯兰国家的榜样。同时，美还力促土与温和的阿拉伯国家合作，以遏制伊朗和伊斯兰激进势力的扩张。其次，土耳其在美国能源战略中扮演重要角色。为削弱俄罗斯在中亚的影响，美国支持建造巴库—杰伊汉石油管道，该管道途经土向欧洲输送石油。若中东局势恶化，土耳其还是美军向伊拉克输送补给的重要通道，驻伊美军70%的空运物资和1/3的燃料均需经土耳其运往伊拉克。若土耳其关闭因吉尔利克空军基地，将会给美国在中东地区、阿富汗的军事行动，以及未来可能对伊朗采取的军事行动造成沉重打击。

尽管在伊拉克战争中，土耳其拒绝美国过境，美土关系出现裂痕，但土耳其仍继续把与美国的关系视为重中之重。正发党数次召开高层会议，研究美土关系。埃尔多安在美国《华尔街日报》和《华盛顿邮报》上撰文，重申："土珍视与美长达50多年的战略伙伴关系，愿继续深化这一关系，愿意在伊拉克战后重建方面与美合作。"②伊拉克战争后，土耳其政府在保护国家安全利益和保持与美国的盟友关系之间寻求平衡。③

---

① Soli Özel, "Rebuilding a Partnership: Turkish-American Relations for a New Era," Turkish Industrialists' Businessmen's Association, p. 34.
② 董漫远：《伊拉克战争后的土耳其外交》，《国际问题研究》2003年第4期，第39页。
③ Ziya Öniş, Şuhnaz Yilmaz, "Turkey-EU-US Triangle in Perspective: Transformation or Continuity," Revised Draft-December, 2004, p. 25.

因此，在伊战中土耳其为自己预留了外交回旋空间。土耳其担负了美国向伊拉克运输战略和后勤物资的中转枢纽，并在伊拉克重建过程中发挥重要作用，2003年10月，正发党派遣土耳其维和部队赴伊拉克。① 2004年6月在伊斯坦布尔北约峰会上，美国总统小布什指出，土耳其对欧洲和中东和平非常重要。土耳其将成为伊拉克重建的重要后勤基地，而且许多土耳其公司参与了伊拉克重建，伊拉克人民基本生活需要通过土耳其供应。

第三节 奥巴马政府对土耳其的政策

美国总统奥巴马上台以来，重视与土耳其之间的双边关系。2009年访问土耳其，这很大程度上是一次修复美土关系的访问。美国希望恢复在中东地区的形象，这需要从具体外交事务做起。同时，在阿拉伯之春的国际背景下，美国在中东地区推行民主、维持地区和平与稳定上，也需要土耳其的协助。

一 奥巴马政府修复与土耳其的关系

奥巴马总统打着"变革"的旗帜入主白宫，其中包括在外交政策上的变革，这意味着与前任小布什总统的政策划清界限。奥巴马调整了小布什政府时期僵化的强硬外交政策，不再采取单边主义这种简单粗暴的方法解决国际事务而是提出了"巧实力"外交策略，改变以往四处树敌、唯我独尊的形象，以较低的姿态处理与各国的关系。尤其是在处理与伊斯兰国家关系时，美国以温和的姿态接触并改善与伊斯兰国家的关系。2009年奥巴马访问埃及，在开罗大学演讲时，向伊斯兰世界喊话，美国并不是与伊斯兰教为敌，打击恐怖主义指的是打击极端主义，而不是伊斯兰主义。在对土耳其政策上，奥巴马政

---

① Joshua W. Walker, "Reexamining the U.S.-Turkey Alliance," *The Washington Quarterly*, Vol. 31, No. 1, Winter 2007, p. 100.

府希望修复并巩固与土耳其的同盟关系。奥巴马总统上台后不久,分别与埃尔多安和时任总统居尔通了电话,向土耳其提出美土两国应制定基于战略利益的广泛议程,此举得到土耳其的欢迎。从以上美国的举措看,美在处理与土的关系上积极主动,这彰显出修补美土间裂痕的诚意。

2009年4月,奥巴马对土耳其进行访问,并在大国民议会发表演讲。奥巴马在演讲中指出,美土两国之间应建立良好的"伙伴模式","土耳其可以作为美国发展与伊斯兰世界关系的象征""两国可以建立模范关系,并在反恐、维持地区稳定等方面有着共同利益"。在演讲中,奥巴马还特别解释了美土之间过去存在的问题,指出两国长达半个多世纪的盟友关系基础牢固,不可能在任何问题上都达成共识,任何两个国家都不能。但两国在过去60多年并肩作战,经受住了诸多考验,基于两国牢固的基础和永恒的友谊,两国关系将更加紧密,世界将更加稳定。①

同时奥巴马重申,支持土耳其加入欧盟。在访问土耳其前,奥巴马参加了在捷克举行的美国—欧盟峰会,在峰会上呼吁欧盟接纳土耳其,敦促欧盟国家接受土耳其正式加入欧盟的请求。奥巴马也指出,推进土耳其加入欧盟将会向土耳其释放积极信号,有利于土耳其坚定向欧洲靠拢的决心,推动土耳其成为连接东西方的桥梁。②奥巴马的游说招致了法德等国的不满,他们指责美国在干涉欧盟内部事务。

美土关系有所改善还表现在以下方面:在恐怖主义问题上,奥巴马政府支持土耳其打击恐怖主义。2009年12月,埃尔多安访问美国,奥巴马表示会支持土耳其政府与人民打击恐怖犯罪:"不管恐怖

---

① Barack Obama, "Remarks of President Barack Obama—As Prepared for Delivery Address to Turkish Parliament," news. bbc. co. uk/2/shared/bsp/hi/pdfs/06_ 04_ 09_ obamaspeech. pdf.

② Bill Van Auken, "Obama Pursues US Strategic Interests in Turkey," http：//www. globalresearch. ca/index. php? context = va&aid = 13098.

活动发生在什么地方,我们重申了共同打击恐怖活动的承诺。对近年来发生在土耳其的恐怖袭击(造成的灾难),我向(土耳其)总理和人民表示慰问,并承诺将努力把这些暴力犯罪者绳之以法,以示美国对土耳其人民的支持。"① 奥巴马总统重申支持土耳其打击恐怖主义的缘由,并不仅是为了修复与土耳其的关系,还有让土耳其重拾打击恐怖组织信心的用意。

在伊拉克问题上,奥巴马政府继续推进与土耳其的军事合作。一方面,美国和土耳其仍同属于北约盟国。另一方面,土耳其周边存在对美国全球战略有重大影响的两个国家——俄罗斯和伊朗。俄罗斯是世界上唯一在军事上可以与美国叫板的国家,而伊朗是对美国怀有敌意且谋求制造核武器的国家,美国希望利用土耳其打压俄伊两国。因此,奥巴马政府希望土耳其保持足够的军事力量,以备不时之需。在美土两国的外交协商下,2011年9月,土耳其与美国签署条约,允许美国在土耳其境内部署导弹防御雷达站,美国官员认为此举是20多年以来两国关系最重要的战略推进。

在一些涉及土耳其的敏感问题上,奥巴马避免对土耳其做出不必要的刺激,这在亚美尼亚问题上表现得比较明显。亚美尼亚问题是有极大争议的问题,土耳其一直不承认对亚美尼亚人的大屠杀,但美国国会却经常拿该问题向土耳其发难。奥巴马总统对该事件有自己的考虑,在其还是参议员时,他就呼吁土耳其承认亚美尼亚大屠杀。奥巴马在2008年竞选总统演讲时提到,亚美尼亚大屠杀不是指控,也不是个人观点,而是有充足历史证据的事实。②

然而,2009年4月奥巴马总统访问土耳其时,谈到亚美尼亚问题并没有使用类似"屠杀"的字眼,以避免出现不必要的误会。奥巴马总统在亚美尼亚问题上的转变,反映出美国不希望与土耳其的关

---

① 《奥巴马与土耳其总理谈反恐》,http://news.sina.com.cn/o/2009-12-08/185616738559s.shtml。

② Brent Scowroft, "Turkey Evolving Dynamics: Strategic Choices for US-Turkey Relations," Center for Strategic & International Studies, Mar. 3, 2009, p. 88.

系进一步恶化，而是努力修复两国关系。2010年3月，美国国会众议院外交事务委员会通过一项议案，把奥斯曼帝国大量杀害亚美尼亚人的事件定性为"种族屠杀"，并要求奥巴马予以认可。土耳其随即对美国国会的这一做法做出强烈回应，召回了土耳其驻美国大使。在此之前，奥巴马多次与国会交涉，希望众议院外交事务委员会停止对这一提案进行表决，但外交事务委员会显然对奥巴马的提议置之不理。虽然在府院之争中，奥巴马在亚美尼亚问题上处于下风，但在土耳其面前美国政府显示出了友好姿态。

在奥巴马政府看来，土耳其对美国具有实质意义，有利于实现美国在中东、中亚、高加索等地区的战略利益。但是，所有这些需要前提条件，即土耳其是一个西方化、民主化、世俗化的国家，否则美国将无法利用土耳其这一战略枢纽实现利益。奥巴马强调，稳定、民主、西方化的土耳其符合美国的重要国家利益，支持土耳其推进民主、人权和表达自由的进程，支持土耳其加入欧盟。① 在这种外交思维指导下，奥巴马政府重视土耳其的民主化进程，这与美土关系走向有着直接关系。

二 阿拉伯之春背景下的美土关系

2011年初，西亚北非局势动荡，突尼斯本·阿里和埃及穆巴拉克政权在民众的抗议声中相继垮台。这场以人民推翻政府的"革命"并没有立即就此停止，"革命"的火焰波及北非另外一个大国——利比亚，开始了中东地区"阿拉伯之春"的剧变。在这场剧变中，奥巴马政府延续了执政以来的"低调"姿态，对于已发生的国家剧变并未表现出极大的欢欣鼓舞，同时在对利比亚的军事干涉上表现出罕见的低姿态，并未如同以往打着联合国的旗号或者领导北约盟国对相

---

① "European Foreign Policy of the Barak Obama Administration," http：//en. wikipedia. org/wiki/European_ foreign_ policy_ of_ the_ Barack_ Obama_ administration# Turkey.

关国家进行军事打击，以推翻所谓的独裁政权，而是退居幕后。但这并不意味着美国在阿拉伯之春中不想有所作为，而是希望抓住政变时机，加快推动地区民主战略。在这过程中，奥巴马抛出了"民主转型"理念。同时，美国在中东地区的战略目标不仅是推行民主，还要巩固地区主导地位。尽管土耳其在阿拉伯之春中并不是主要涉事国家，但经历阿拉伯之春的国家均在土耳其周边地区。因此，它的立场对美国的政策具有一定的影响。

对美国决策者而言，阿拉伯之春迎合了中国古代"不战而屈人之兵"的军事谋略。美国曾通过各种手段打击中东地区独裁政权。然而，这些目标却在相关国家的内部，通过自下而上的民众运动实现。如何利用这一局面更好地推进美国的战略成为摆在美国面前的问题。其实，2011年初阿拉伯之春开始时，美国已对政变有所准备，但由于当时对政变的方向不能准确预判，并未轻举妄动，而是静观事态发展。

在阿拉伯之春的背景下，奥巴马政府微调地区政策，提出"民主转型"理念。2011年5月，奥巴马发表关于中东政策的演讲，提到"民主转型"，承诺将美国价值观和民主原则推广到中东地区，并通过经济、教育、科技和医疗等交流渠道与当地普通民众尤其是广大青年接触。奥巴马在积极评价埃及和突尼斯成功"民主转型"的同时，呼吁叙利亚、巴林等国积极回应民众改革诉求。2011年9月，奥巴马在联合国发表演讲中又一次提到"民主转型"，称美国对该地区的外交政策面临历史性机遇，支持中东地区的政治改革和民主进程成为美国外交的"最优议程"，美国将加大对该地区的经济支持。在实现"民主转型"上，土耳其的帮助必不可少。因为自20世纪50年代土耳其实行多党制以来，美国就将土耳其视为中东地区最民主的国家，这也是美土长达半个多世纪同盟关系的意识形态基础。同时，美国看重土耳其的民主化发展，利用土耳其重要的地理位置，有伊斯兰教信仰传统且实践西方民主，这两方面正好为美国推进民主所用。因此，奥巴马政府希望利用土耳其在中东国家的影响力，推动该地区国家民主转型。

在阿拉伯之春爆发后,土耳其愈加显露出争当中东大国的雄心,美国抱以复杂的心态看待这一现象。在阿拉伯之春前,土耳其转变外交思路,改善、提升与东方国家的关系,尤其是中东国家的关系。在阿拉伯之春后,土耳其在中东地区的外交活动更为活跃,埃尔多安访问剧变后的埃及、突尼斯、利比亚三国,欲树立在中东地区的领导地位。如果在20世纪90年代,土耳其推行强势外交政策,提高在中东地区的地位,美国会采取支持态度。但中东地区环境发生了变化,土耳其与美国之间关系出现间隙,且土耳其争取地区领导地位是在改善与伊斯兰国家关系的前提下进行。美国希望一个亲美的土耳其成为中东地区的领导国家,而不愿看到与美国为敌的土耳其提高在中东的影响力。

为改善与土耳其的关系,奥巴马做了很多努力,但美土间的分歧不仅没有完全化解,还出现新的问题。诸如在以色列问题上,两国存在很大分歧。众所周知,美国是以色列在中东地区的保护国,美国将以色列的安全视为在中东的主要利益。但自2008年以色列在加沙地带发动代号为"铸铅行动"的军事行动后,土以关系开始恶化。奥巴马上台后,土以关系没有改善迹象。2010年5月,以色列海军袭击土耳其籍救援船,两国关系进一步恶化。直至2011年9月土耳其驱逐以色列大使,土以关系走到断交边缘。这是美国不愿看到的,奥巴马政府对土以间的僵化关系进行调解,这引来土耳其的不满。在2011年9月联合国大会上,奥巴马和埃尔多安因土以关系问题发生争执,奥巴马指责"土耳其在保护伊朗",埃尔多安反唇相讥,认为"美国是以色列的律师"。美土之间对以色列的不同态度成为奥巴马政府在处理美土关系时所面临的新问题。

另外,奥巴马与土耳其在巴勒斯坦申请联合国正式成员国身份问题上存在分歧,美国明确反对,并拉拢其他国家否决巴勒斯坦的成员国身份。但作为美国的盟国,土耳其又未站在美国一边,而是支持巴勒斯坦以国家的身份加入联合国。表面看来,美土之间是在巴勒斯坦联合国正式成员国身份问题上存有分歧,但分歧背后是美土对伊斯兰世界以及以色列态度的不同。

小　结

伊战后,美土之间的破裂关系并没有弥合,反而有恶化的迹象。土耳其根据国际形势变化继续调整外交政策。在美国看来,伊战后土屡次在重大国际场合与美作对,土耳其外交政策正由亲美转向脱美。2011年,在联合国大会上,土耳其对美国制裁伊朗的议案投否决票,并联合巴西与伊朗达成核燃料方面的交易。在哈马斯问题上,土耳其也公然与美国的政策相左,美国将哈马斯视为恐怖主义组织,但土耳其却将其视为巴勒斯坦合法组织。伊战后美国在土耳其周边的举动令土不满,在涉及土耳其核心利益的库尔德问题上,美国与土作梗。虽然这期间美土之间出现波折,但双方都不想将对方视为敌人。因此,面对胶着的局面,双方都采取了一些补救措施,以缓解两国关系下滑趋势。通过分析可以看出此阶段美土关系具有以下特点。

(一)库尔德问题成为影响美土关系发展的不确定因素。众所周知,土耳其一直遭受着"库尔德梦魇"的困扰。自土耳其共和国建立以来,库尔德问题就是历届政府案头首要解决的难题。在该问题上,美国一直扮演旁观者的角色,毕竟这是历史遗留的土耳其内政问题,美国无须插手干涉。有时美国国会可能拿库尔德问题做文章,以迫害库尔德人为名指责土存在不良的人权纪录,美国对库尔德问题的介入仅此而已。但在伊拉克战争之后,美国在库尔德问题上的干涉骤增,成为库尔德问题新的"搅局者",逐渐成为库尔德问题的攸关方之一。

美国发动伊拉克战争,为伊拉克库尔德人的崛起提供了契机。库尔德人一直寻求国际社会关注,美国的中东政策有利于库尔德人利益的实现。① 伊拉克库尔德人在两方面可为美国所用：一是帮助美军推翻萨达姆政权；二是在伊战后协助美国维护伊拉克稳定统一。因此当土耳其越境打击库工党时，美国屡次干涉，担忧已相当混乱的伊拉克局势难以掌控。土耳其对此反对，原因在于担心战争激活库尔德分离主义。战争势必会搅乱伊拉克的安全局势，使库尔德人有机可乘。但美国作为中东地区主导者，利用一切必要手段维护其在伊拉克的战略利益。在库尔德问题上，美国的做法，在土耳其看来是牺牲土耳其的利益，以换取伊拉克库尔德人的支持。当然美国作为土耳其的盟友，也不可能完全无视土耳其的核心利益。在约束土耳其越境打击库尔德武装分子的同时，美国也不允许在中东地区成立独立的库尔德国家。美国的介入使得由已复杂的库尔德问题更加扑朔迷离。需要指出的是，美国扶持库尔德人的目的仅是将其作为稳定伊拉克局势的抓手，不会深层次触犯土耳其核心利益，美国将会在稳定伊拉克局势和维持美土同盟关系间寻找平衡，这为土耳其库尔德问题增添了不确定性。

（二）此时期美土关系一波三折。伊拉克战争后，美土关系经历了小布什政府对土耳其的不信任、库尔德争端等问题。奥巴马上台以来，又将土耳其列为首个出访的伊斯兰国家，凸显出土耳其在美国外交中的地位。2009年4月，奥巴马在土大国民议会上发表演讲，认为美土是经得起考验的友好国家。2010年在韩国首尔举行的G20峰会上，奥巴马与埃尔多安会晤，除经济交流外，两国领袖还磋商了北约导弹部署问题。之后，美土在伊核问题、哈马斯问题以及以色列海军袭击事件上出现分歧。随着土耳其国力的提升，其独立自主的外交意识逐渐增强，美国需要逐渐适应土耳其的外交新变化。需要指出的是，两国间无根本利益的冲突。双方并未从根本上触及对方底线，美土之间仍可维持同盟关系。

总之，伊战给美土关系带来的阴影仍将持续一段时间，但两国关

---

① Gareth Stansfield, Robert Lowe, "The Kurdish Policy Imperative," *Briefing Paper*, Chatham House, December 2007, p.1.

系也不会恶化到反友为敌的程度。尤其是奥巴马总统上台以来，奉行"巧实力"外交，一定程度上提升了美国在中东地区的形象。但必须看到的是，新形势下美土关系正经历变化，这种变化不是两国关系发生逆转走向破裂，而是两国关系基础发生变化，由冷战时期的同盟逐渐转向回归到正常国家间的共识与分歧。传统的美土单向依赖模式已有转变，土耳其将在与美国的交往中更加独立自主。

第四章
后"9·11"时代影响美土关系的因素

"9·11"事件后,美土关系虽然经历了跌宕起伏的发展过程,但是冷战时期所建立的同盟根基并没有发生改变,一直延续至今。美土关系的发展受到各种因素影响,既有来自美国和土耳其的内部因素,也有第三方因素的搅局。本章对影响美土关系的内外因素进行分析。

第一节 影响美土关系的美方因素

"9·11"事件后,美土关系跌宕起伏,美国国内的政治经济变化对美土关系的影响不可忽视。

一 美国国会对美土关系的影响

美国国会具有重大外交决策权。美国宪法赋予国会立法权力,并在内政、外交诸方面与掌握行政权的总统分享权力。① 在美土关系的发展过程中,国会一直扮演着主要角色。在对土耳其军售、库尔德问题、亚美尼亚问题上,美国国会影响力很大,经常向美国政府施压。

在亚美尼亚问题上,美国政府对土耳其采取安抚政策,以避免刺激与土耳其的关系,但美国国会却一再大做文章,不惜得罪土耳其政

---

① 韩召颖:《美国政治与对外政策》,天津人民出版社,2007,第195页。

府。亚美尼亚与土耳其是邻国,位于土耳其东部,曾是奥斯曼帝国的一部分。奥斯曼帝国解体后,亚美尼亚归入苏联。一战期间,奥斯曼帝国曾经出现亚美尼亚人大量死亡的史实,这些亚美尼亚人死于何故,死亡人数多少,相关各方各执一词,这影响着土耳其和亚美尼亚的关系。美国国会对亚美尼亚问题进行争论,并不时地在国会提交有关亚美尼亚大屠杀的议案,指责土耳其是制造亚美尼亚大屠杀的"凶手"。2007年10月,美国众议院外事委员会以27票赞成、21票反对通过有关承认亚美尼亚大屠杀的议案,该议案要求美国政府充分认清亚美尼亚大屠杀是种族清洗的事实,并要求美国在对土耳其的外交政策中得以体现。

土耳其政府对美国国会的行为做出强烈回应,召回驻美大使,美土关系骤冷,美国政府反对国会的行为,担心此事会影响"反恐大业"。如同小布什总统所言,"这项议案将严重损害我们与这位北约重要成员、全球反恐战争重要盟友的关系"。时任美国国务卿赖斯对此表示赞同,她指出:"通过这项议案,毫无疑问将给我们在中东的一切努力带来问题。"时任美国国防部长盖茨表达得更具体:"驻伊美军70%的空运物资、95%的新式防雷车辆,以及1/3的燃料都要经过土耳其运往伊拉克。"① 因此,美国不能在亚美尼亚问题上过于刺激土耳其。

美国国会在人权方面也对土耳其进行指责,跟踪记录土耳其的人权纪录,甚至将之与对土经济和军事援助直接挂钩。面对国会和院外集团的压力,美国政府认为只要土耳其的地缘战略位置可为美国实现外交战略所用,信奉权力的传统主义者和武器制造商的利益决定了美土两国的重点不在人权。② 美国国会屡屡在人权问题上刁难土耳其,有深层次原因。美国国会素来和政府争夺外交权力,土耳其成为美国

---

① 刘滢:《"大屠杀"议案引发美土外交战》,《工人日报》2007年10月16日。
② Ekavi Athanassopoulou, "American-Turkish Relations since the End of the Cold War," *Middle East Policy*, Vol. 8, No. 3, Sep. 2001, p. 157.

府院权力之争的"牺牲品"。在美国历史上,国会和政府之间的外交权争夺比较激烈,国会经常否决政府已决定的外交议案,以显示国会的外交权力。在这种背景下,美国和土耳其间的关系会受到府院之争的影响。美国政府在处理与土耳其的关系上,不愿过分地激怒土耳其。但美国国会却不顾及这些问题。20世纪70年代,美国对土耳其禁止军售,就是国会制裁土耳其的"杰作"。美国政府认为,对土耳其实行武器禁运将严重损害美国的战略利益,时任总统福特发表了一项特别声明,要求国会重新考虑决定。声明说:"暂停向土耳其提供军事援助可能会阻碍就公正解决塞浦路斯问题进行的谈判。此外,它还可能影响这个地区所有国家的安全,因而对地区的政治稳定产生深远和有害的影响。它不但对西方的安全,而且对中东的战略形势产生不利的影响。采取行动来破坏28年来我们在地中海的联盟关系体系,是不符合美国利益的。当大家看到美国在采取那种显然不符合它自己的利益的行动时,连那些同这个地区并不直接有关的国家也会对美国处理外交关系的做法产生严重怀疑。"[①] 因此,美国政府对这次禁售持消极态度,一再派高官向土耳其解释。

另外,在美国,土耳其没有强力的院外集团。利益集团对美国决策过程发挥重要作用,它们是多数人用以影响和表达有关政策观点的代表。院外集团对美国国会的影响很大,很多院外集团成员为美国国会议员。但土耳其在美国院外集团的势力比较薄弱,很多不利于土耳其的议案容易通过。

二 美国的人权观和美土同盟关系

美国一贯以"人权卫士"自居,将人权视为基本的价值观念,奉为立国之本,并将其与外交挂钩,利用人权作为外交工具。1973年,美国制定《对外援助法》,明确规定将对外援助与受援国人权保

[①] 张士智、赵慧杰:《美国中东关系史》,中国社会科学出版社,1993,第304~305页。

护状况挂钩。在美土关系上，也存在着人权问题。尽管土耳其奉行西方民主制度，在价值观和人权观上也以西方为"标杆"，但毕竟土耳其价值观的根源与西方国家不同，其在库尔德问题上存有不良人权记录，在美国看来这成为土耳其人权问题的主要来源、民主的主要障碍、法治的主要威胁。美国作为以尊重人权自居的全球领导者，认为不公开解决这些问题，美土之间的关系会非常困难，库尔德问题影响着美土关系的未来。① 20世纪90年代，人权是美土关系发展的重要障碍，1994年美国国会决定禁止向土耳其出售黑鹰直升机，就是以人权为由。时任参议员戴玛托指出，土耳其在伊拉克北部采取军事行动，按照土耳其的说法是清除库尔德工人党基地。但是美国并不买账，呼吁应该停止军事援助，直到土耳其停止对库尔德人的军事行动。②

但应客观地评估人权在美土关系中的作用。众所周知，美国在人权问题上一直采取双重标准，对于亲美的国家，美国不在人权上过于"较真"。1989年至1991年，老布什政府并未督促土耳其政府改善人权状况，因为美国有求于土耳其。从1992年到1994年，土耳其的侵犯人权记录达到顶峰，谋杀、酷刑、陷害政敌，范围已经扩展到全国各个阶层。为达到个人和意识形态上的目的，这些活动毫无限制、不择手段。尽管在1991年新政府承诺改善人权状况，但均未兑现。老布什政府对此仍然无动于衷，并未把人权和援助挂钩，1992年土耳其还是美国第三大受援国，获得经济和军事援助5.78亿美元。③

"9·11"事件后，人权尽管不是美土关系的焦点，但是美国并未忽视土耳其不良的人权记录，尤其是美国国会一直对土耳其的人权

---

① Morton Abramowitz, *Turkey's Transformation and American Policy*, New York: Century Foundation Press, 2000, p.150.
② Ekavi Athanassopoulou, "American-Turkish Relations since the End of the Cold War," *Middle East Policy*, Vol. 8, No. 3, Sep. 2001, p.150.
③ Rhonda L. Callaway, Elizabeth G. Matthews, *Strategic US Foreign Assistance: The Battle between Human Rights and National Security*, p.153.

颇有微词，向美国政府施压，对土耳其采取相应的外交惩罚措施。美国国务院每年都会发表关于土耳其人权纪录的报告，当然这种报告不是人权方面的抨击，而目的是促进土耳其人权纪录的改进。以2009年和2010年美国国务院发表的土耳其人权纪录报告为例，认为土耳其仍旧存在大量的人权问题，比如安全部队进行非法的屠杀，虐待、殴打问题层出不穷；监狱条件尚待改善，条件很差；政府官员影响司法独立；通过宪法和相关法律限制言论自由，近年来出版自由空间下降，对网络自由出台种种限制；对妇女施加暴力仍是普遍存在的问题，法律禁止儿童婚姻，但是仍旧存在。[1]

美国罗列土耳其的人权不良记录，一个目的是敦促土耳其改善人权，以与美国的人权观相符合，另一个目的是将土耳其的不良人权记录作为与土耳其讨价还价的工具。人权在"9·11"事件后美土交往的过程中并不突出。但需要指出的是，鉴于土耳其不良的人权纪录以及美国国会对盟友人权的关注，在很大程度上，人权会在美土关系发展过程中产生负面影响。只不过是在不同的发展阶段，土耳其人权受关注程度不同而已。人权很难在美土关系发展中起到"加分"作用，美国可能将人权作为在有关土耳其军援和经援上的"棋子"。因此，在后"9·11"时代，人权因素是研究美土关系必须考虑的。

第二节 影响美土关系的土方因素

土耳其国内也存在着束缚美土关系发展的因素，如政治伊斯兰主义、反美主义、库尔德问题等。美土对这些问题的处理方式、观察视角影响着双边关系。

---

[1] "2010 Human Rights Report: Turkey," http://www.state.gov/j/drl/rls/hrrpt/2010/eur/154455.htm.

第四章 后"9·11"时代影响美土关系的因素

一 土耳其政治伊斯兰主义

土耳其共和国建立以来,实行世俗化、政教分离的政治制度。土耳其"国父"凯末尔认为,伊斯兰教与现代化格格不入,会阻碍土耳其现代化进程。因此主张实行西方式民主制度,将伊斯兰从主流政治中剔除。凯末尔主义作为现代土耳其的政治指导思想和官方意识形态,构成了土耳其现代政治结构的理论基础,也是政府治国理政的指导原则和理论基石。① 土耳其世俗主义的核心内容是国家政治制度的世俗化,官方强调土耳其的世俗性,实行伊斯兰教信仰的个人化和非政治化、公共生活的非宗教化和国家控制宗教机构。但伊斯兰教毕竟是土耳其传统的宗教信仰,在农村和城市中下层仍有深厚的群众基础,农村保留浓厚伊斯兰教色彩的传统,这为伊斯兰政治奠定了社会基础。

但自共和国成立起,土耳其致力于"西化",但是"西化"了近90年,尚未完成,宗教势力或有宗教倾向的政党在政治中仍有重要影响。② 20世纪70年代,伊斯兰教政治重现土耳其政坛。但伊斯兰政党并未在土耳其形成气候,被世俗力量压制。至20世纪90年代,繁荣党成为土耳其联合政府的执政党之一。繁荣党是伊斯兰政党,是土耳其历史上第一个伊斯兰性质的执政党,预示着伊斯兰政党在土耳其政坛崛起。到21世纪,尤其是2002年正发党上台独立执政,土耳其国内又出现了政治伊斯兰起势的局面。正发党的很多党员都曾是繁荣党,并且时任土耳其总理埃尔多安曾是繁荣党的重要成员,曾在20世纪90年代因在公开场合诵读伊斯兰诗歌而被捕入狱。因此,土耳其国内世俗主义者对正发党上台可能带来的政治伊斯兰的崛起深表担忧。

---

① 刘中民:《挑战与回应:中东民族主义与伊斯兰教关系评析》,世界知识出版社,2005,第164页。
② 安维华、钱雪梅:《美国与"大中东"》,世界知识出版社,2006,第168页。

美国非常关注土耳其大选,这是观察土耳其国内政治态势走向的"晴雨表"。一定程度上讲,土耳其的政治意识形态决定着美土关系的发展方向。冷战结束后,宗教激进主义获得了填补中东政治"思想真空"的机会。美国把伊斯兰复兴运动看作中东地区稳定和安全的主要威胁,甚至认为其势必影响到未来中东格局和世界格局。法国前驻土耳其大使鲁洛曾指出:"我们所经历的冷战结束也是中东地区一场新冷战的开始。"① 土耳其自建国以来,就将西方的民主政治制度作为效法的榜样和目标,这种相似的政治制度和主流意识形态成为美土关系发展的基础。并且,土耳其所在地区是美国推行民主战略的重点地区,美国还有意将土耳其树立为该地区民主榜样。但是,土耳其的政治伊斯兰与美国所希望实行的民主制度格格不入,政治伊斯兰成为美土关系发展的束缚。这在很大程度上意味着土耳其外交政策转向伊斯兰世界,这使得美国失去自二战以来在中东的传统盟友。自20世纪90年代,美国就开始关注土耳其伊斯兰主义的复兴,观察土耳其国内机制的健康与否,美国需要一个世俗稳定、友好、亲西方的土耳其。②

2002年,正发党上台执政,国内政治生态发生了重大变化,这甚至在国内引起了政治危机。土耳其国内政治出现"极化"现象,世俗主义和伊斯兰主义在土耳其政坛开始新的博弈。在政治生活中,逐渐出现新的政治和社会精英挑战凯末尔主义的传统政治生活。③ 因此,正发党的上台在土耳其世俗主义阶层中引起一定震动,他们担忧土耳其政治伊斯兰的复兴。在土耳其政坛,对西方持怀疑态度的保守的民族主义精英在外交上正在取代亲西方的信奉凯末尔主义的精英,并挑战亲西方精英的主导地位,他们对历史上的奥斯曼帝国持积极向

---

① 左文华、肖宪:《当代中东国际关系》,世界知识出版社,1999,第358页。
② Morton Abramowitz, *Turkey's Transformation and American Policy*, New York: Century Foundation Press, 2000, p.159.
③ F. Stephen Larrabee, "Troubled Partnership: US-Turkish Relations in an Era of Global Geopolitical Change," Santa Monica, CA: RAND, 2010, p.89.

往的态度。① 并且，土耳其民众的认同标准也在发生变化。2006年土耳其经济和社会研究基金会的调查显示，有51%的人认可自己为穆斯林，超过了认可自己为土耳其人的数目，土耳其的穆斯林认同度持续走高。②

在这种情况下，美国无法忽视土耳其国内政治的走向。土耳其实行世俗化和西方民主是美土两国同盟的重要前提。美国在中东地区推动民主化战略中，土耳其的示范作用不可低估。因此，土耳其政坛伊斯兰势力的回流不利于美土发展盟友关系。有西方学者指出，美土关系下滑是近年来土耳其国内政治变化的"牺牲品"。③ 政治伊斯兰是影响美土之间关系发展的重要因素，土耳其国内伊斯兰价值观与西方民主价值观之间的较量结果在一定程度上决定着美土关系的发展方向。如若土耳其伊斯兰化一味发展下去，这不仅会影响美土双边关系，还将影响土耳其和欧洲之间的关系，美国在土耳其加入欧盟的问题上很难再持支持态度，也没有理由指责欧盟拒绝土耳其加入欧盟。不过美国不必对土耳其的政治伊斯兰主义反应过于激烈，土耳其的伊斯兰主义相比于中东其他国家的伊斯兰更加温和与多元。④

关于美国将土耳其视为中东和中亚地区民主榜样力量，布热津斯基认为，美国在中东地区历史演变中，应该认准一些枢纽点，以点带面，并与这些处于枢纽点的国家培养关系，逐渐将这些国家培养成政治、经济、文化的范例，成为众多伊斯兰国家所效仿的成功典范。美国之所以对土国内政治伊斯兰走向比较关注，其实背后还存在着对土耳其宗教激进主义复兴的担忧。宗教激进主义的斗争目标就是反对西方，特别是反对美西方国家在中东的战略利益，这必然同美西方国家

---

① F. Stephen Larrabee, "Turkey as a U. S. Security Partner," Santa Monica, RAND, 2008, p. 4.
② F. Stephen Larrabee, "Turkey as a U. S. Security Partner," Santa Monica, RAND, 2008, p. 5.
③ Joshua W. Walker, "Reexamining the U. S.-Turkey Alliance," Santa Monica, RAND, 2008, p. 94.
④ F. Stephen Larrabee, "Troubled Partnership: US-Turkish Relations in an Era of Global Geopolitical Change," Santa Monica, CA: RAND, 2010, p. 125.

进行新对抗,这种对抗已经并将会导致中东局势的紧张、混乱和进一步复杂化。①

二 土耳其的反美主义

表面上看,土耳其是美国盟友,两国关系波澜不惊。但是,美土关系并没有表面上友好。无论在冷战时期还是在冷战结束后,土耳其国内反美主义的思潮时有涌动。反美主义是一个历史性的词语,自美国独立战争以来就已存在。随着美国国际地位的提高,尤其是二战结束后,美国为了夺取全球霸权,插手全球事务,干涉别国内政,这些外交行为引起了国际社会的不满,反美主义思潮兴起。当然,土耳其的反美主义是美土关系遇到障碍时,土耳其国内民众的发泄途径,土耳其高层一般会对民众的反美主义进行掌控,以防止事态滑向失控状态。

冷战时期,土耳其国内就已经出现过反美主义。20世纪六七十年代,就曾因为古巴导弹危机等事件,土耳其国内出现反美主义。冷战结束后,美土随着冷战时期的惯性延续友好合作。20世纪90年代中期,埃尔巴坎政府上台,土耳其外交方向发生转变,与美国的关系冷淡。到新世纪,尤其是"9·11"事件后,美国连续发动了阿富汗战争和伊拉克战争,穷兵黩武的行为使得其自身在中东地区的形象大损。小布什政府实行单边主义的先发制人政策,在中东以暴力方式推行民主以及政权更迭的战略,这使得中东国家反美情绪高涨。此时,土耳其国内民众对美国并无好感,尤其是美国在没有经过联合国授权下发动伊拉克战争,土耳其周边地区失去稳定,并且美国支持伊拉克境内的库尔德人,这使得一些土耳其人认为美国是中东地区的最大威胁。

近年,美国著名的调查机构皮尤公司就一些国家对美国的态度进行抽样调查。根据皮尤的调查,伊战后美国在土耳其民众中的印象每

---

① 左文华、肖宪:《当代中东国际关系》,世界知识出版社,1999,第359页。

况愈下。土耳其支持美国的比例从2004年的32%降到2005年的23%，至2006年降到了17%。支持美国领导反恐战争的从2004年的37%降到2006年的14%。2007年同样的民调，支持美国的数字降到了可怜的9%。81%的土耳其人不喜欢美国的民主，同时83%的土耳其人不愿与美国人做生意。奥巴马总统访问土耳其，对提升美国在土耳其的支持率作用有限，有40%的人将美国视为敌人，仅有18%的人视美国为盟友。33%的土耳其人对奥巴马政府有信心，而52%的对奥巴马政府没有信心。① 2003年2月美国原国防部副部长沃尔福威茨指出，美国本来认为土耳其很多的机构是美国的支持者，然而它们却未在伊拉克战争中开辟第二战场问题上发挥主导性的作用，特别是军方，这是美国所未能预料到的。② 作为美国传统的盟友，土耳其对美态度如此冷淡，不利美土关系的发展。并且，土耳其的反美主义并不是国内局部阶层的活动，土耳其传统政党共和人民党的对美态度很好地体现了这一点，它是土国内最亲美、亲西方的政党。但是，自2003年以来采用更加民族主义的理念来应对美国。③

"9·11"事件后，土耳其出现反美主义的思潮并不是偶然的。小布什政府实行单边主义外交，在中东地区滥用暴力，导致美国在中东地区的形象下降。土耳其反美主义是中东反美主义大潮的组成部分。美国在军事和政治上干预中东事务，这引起了美土间的利益冲突。④ 尽管土耳其是美国的盟友，许多利益的实现需要美国的支持。但是，自正发党上台执政以来，土耳其政府对美国并不如以前唯命是从，甚至在国际事务上与美国划清界限，从而显露出与伊斯兰世界为伍的迹

---

① Ioannis N. Grigoriadis, "Friends No More? The Rise of Anti-American Nationalism in Turkey," *Middle East Journal*, Vol. 64, No. 1, Winter 2010, p. 59.

② Ioannis N. Grigoriadis, "Friends No More? The Rise of Anti-American Nationalism in Turkey," *Middle East Journal*, Vol. 64, No. 1, Winter 2010, p. 57.

③ F. Stephen Larrabee, "Troubled Partnership: US-Turkish Relations in an Era of Global Geopolitical Change," Santa Monica, CA: RAND, 2010, p. 17.

④ Ioannis N. Grigoriadis, "Friends No More? The Rise of Anti-American Nationalism in Turkey," *Middle East Journal*, Vol. 64, No. 1, Winter 2010, p. 51.

象，这一定程度上对土耳其民众中已积生的反美主义起到推波助澜的作用。同时，土耳其反美主义盛行还有另一层面的含义，土耳其认为美国在打击恐怖主义上奉行双重标准，美国为铲除在伊拉克和阿富汗的恐怖分子，发动了两场战争，但是美拒绝帮助土耳其打击恐怖主义。正如土耳其的一名记者所言，在大选的环境下土耳其很难解释，为什么同一个美国在越洋来到伊拉克打击恐怖组织之时，却不帮助土耳其打击同为恐怖组织的库工党，而此时土耳其的士兵每天都有牺牲。①

与其他中东国家不同，土耳其反美主义并未在国内得到完全认可。原因是在土耳其有大量支持美国的群体，并且有影响的军方和官僚精英均明确亲美立场，在外交上将美国列为优先选项，并将美国视为安全的最大保证国。尽管在土耳其也有同情巴勒斯坦和反对公开亲美的立场，但这不会影响土耳其整体外交的形成。②

三 土耳其的库尔德问题

库尔德问题是影响美土之间关系的重要因素，库尔德的自治甚或独立是冷战后土耳其最为忌惮的安全问题。尽管美国有时以库尔德问题为由，指责土耳其损害人权。③ 但总起来看，库尔德问题并不在美国重点关注的范围之列。

但美土对库尔德问题的认知性质有所不同。美国认为，库工党是库尔德问题的重点，但库工党武装是争取自身权力的组织，因此对库工党武装抱有理解态度。显然土耳其对库工党有不同的看法，将其作为恐怖组织进行镇压。伊战后，美国打破了萨达姆统治下的和平稳

---

① F. Stephen Larrabee, "Troubled Partnership: US-Turkish Relations in an Era of Global Geopolitical Change," Santa Moncia, CA: RAND, 2010, p. 16.

② F. Stephen Larrabee, "Friends No More? The Rise of Anti-American Nationalism in Turkey," *Middle East Journal*, Vol. 64, No. 1, Winter 2010, p. 55.

③ Rhonda L. Callaway, Elizabeth G. Matthews, *Strategic US Foreign Assistance: The Battle between Human Rights and National Security*, Aldershot, Hampshire: Ashgate, 2008, p. 139.

定，聚集在伊拉克北部的库尔德人活跃起来，这给土耳其库尔德人造成连锁反应，引发了土伊边境库尔德地区的混乱。

伊拉克战争激起了库工党武装运动。2004年6月，库工党自伊拉克北部的坎迪尔山不断袭击土耳其政府军，造成数百土耳其安全人员丧生。迫于国内压力，埃尔多安政府采取军事行动以阻止库工党对土耳其的威胁。土耳其国家安全委员会在2007年4月分别照会美国和伊拉克政府，呼吁尽快采取措施，制止库工党武装在伊北部的活动、清除训练营地、控制边境，否则土耳其有权依照国际法采取行动以保证自身安全。时任土耳其武装部队总参谋长比于卡内特更是明确表示，土耳其深受第二次海湾战争之害，库工党在伊北部重整旗鼓。①

美国对支持土耳其打击库工党非常勉强，表示此举会分散美国在伊拉克的兵力，冲击伊拉克北部地区的稳定性。美国此举的深层原因在于：一是伊拉克的库尔德人是美国的坚定支持者，美国需将所有力量用于维持伊拉克国内的稳定，训练伊拉克的安全部队；二是美国将伊拉克库尔德人视为保持伊拉克完整的必要因素，有利于维持伊拉克的统一。如果伊拉克的库尔德人被排除在联合政府之外，伊拉克有爆发内战的可能。②

为此，埃尔多安于2007年11月访问美国，小布什总统在白宫接见了埃尔多安。小布什在会谈结束后对媒体表示，美国致力于打击库尔德工人党武装，愿意和土耳其分享有关打击该武装组织的情报。他强调，库尔德工人党是恐怖组织，该组织是土耳其的敌人，是伊拉克的敌人，也是美国的敌人。③ 对于美国而言，打击已被定性为恐怖组织的库工党符合美国反恐战略，但是美国又需要稳定战后的伊拉克，

---

① 李玉东：《库尔德问题让土耳其难办》，《光明日报》2007年4月17日。
② F. Stephen Larrabee, "Turkey as a U. S. Security Partner," Santa Moncia, RAND, 2008, p. 8.
③ 李学军、赵毅：《美称愿和土分享打击库尔德工人党武装的情报》，《人民日报》2007年11月7日。

这就需要伊拉克库尔德人的支持和帮助。因此在两难间，美国必须在两者之间权衡，以做决定。

通过军事手段无法解除库工党的威胁，必须进行社会和经济改革，才能从根本上解决问题。库尔德问题不仅是恐怖主义问题，因为库工党并不能代表所有库尔德人。加之美国在重建伊拉克的过程中，需要库尔德人的合作，所以美国并不想过分地袒护土耳其以打击库尔德人。而土耳其则将库尔德问题作为事关国家安全的头等大事，2010年土耳其公布的国家安全文件中将库尔德分离主义作为最大威胁。因此，土耳其将打击库工党作为维护国家安全的首要任务，而且将打击库工党作为美土安全战略伙伴关系的"试金石"。[①]

第三节 影响美土同盟关系的第三方因素

美国是全球性的大国，而土耳其则是地缘位置极为重要的国家。因此，两国关系发展很容易受到第三方因素的影响。尤其是在美国较为关注的中东热点问题上，不同的立场很容易冲击美土关系的发展。

一 伊朗核问题

美国和土耳其作为主要利益攸关方，对伊核问题尤其关注。两国在中东地区无核化、禁止伊朗拥有核武器上具有一致看法。然而，在对伊朗核威胁的判断上两国存在不同的认识。

美国和土耳其在伊核问题上最主要的共同认知就是两国都反对伊朗制造核武器，以实现中东地区无核化的目标。自核武器问世以来美国就试图垄断核技术和核武器。但苏联、法国、中国等大国相继制造出核武器，此后美国在核武器问题上的政策转为承认已经拥有核武器的几个大国的合法性，禁止其他国家，尤其是与美国为敌的国家制造

[①] F. Stephen Larrabee, "Troubled Partnership: US-Turkish Relations in an Era of Global Geopolitical Change," Santa Moncia, CA: RAND, 2010, p. 80.

第四章 后"9·11"时代影响美土关系的因素

和拥有核武器。自伊朗发生伊斯兰革命以来,其外交政策发生逆转,由革命前的亲美政策变为革命后的反美政策,这在很大程度上使得美国在伊核问题上持坚决反对的态度。同时,自"9·11"事件后,美国对非传统安全威胁倍加关注。美国国防部公布的《核战略态势报告》指出,美国应将防止核扩散作为优先考量的选项。

2009年4月,奥巴马总统在捷克首都布拉格演讲时,强调了21世纪的核危险,同时宣称,为克服这些严峻且不断增长的威胁,美国将"致力于追求一个和平与安全的无核武器世界"。在美国的核安全战略中,尤其不能容忍的是敌对国家制造和拥有核武器。因此,美国坚决不允许一贯以反美姿态出现在国际舞台上的伊朗从事核活动,即便是以和平利用为目的,美国也会对其动机进行怀疑。因此,无论是从美国的核政策角度,还是从美伊关系的角度,美国反对伊朗拥有核武器。美国对伊朗的核动态相当敏感,在美国人的思维中,伊朗一切的核能利用计划都与制造核武器有关。

伊朗拥有核武器也不符合土耳其的利益。土耳其在利用核能方面所遵循的政策是,不希望所在地区国家拥有核武器,如果中东地区成为有核区,在全球层面上也将产生严重后果。任何国家都有和平利用核能的权利,同时和国际原子能机构合作,遵守《核不扩散条约》。土耳其在伊核问题上的政策并不表明土耳其支持伊朗,而是需要采取有效措施防止事态进一步升级。① 土耳其的核政策符合美国在核政策上的基本思路。

但是,美国和土耳其在伊核问题认知上存有分歧。

(一)两国对伊朗核计划的目标存有分歧。美国认定伊朗核计划的最终目标是为了发展核武器,2010年美国公布的《核战略态势评估》明确指出,为实现其核野心,朝鲜与伊朗公然违反不扩散规定、蔑视联合国安理会相关指令、发展导弹运载能力、抵制国际社会通过

---

① Ibrahim Al-Marashi, Nilsu Goren, "Turkish Perception and Nuclear Proliferation," *Strategic Insights*, Vol. 8, Issue 2, April 2009, p. 3.

外交途径解决其造成的核危机的努力,挑衅行为加剧了其所在地区的不稳定,并可能迫使邻国出于自身利益考虑选择发展核威慑力量。这些国家始终不遵守不扩散规范,这严重削弱了《核不扩散条约》的地位,给美国和国际社会的安全带来十分消极的影响。但是,土耳其并不认为伊朗利用核能是为了制造核武器,土耳其尊重伊朗和平利用核能的权利,并且奉劝伊朗要允许国际原子能机构对其进行安全核查。2007年3月,埃尔多安在接受科威特记者采访时指出,"任何国家都有权利以和平的目的开发核能"。① 因此,土耳其在伊朗核问题上特别看重的是《核不扩散条约》中的任何国家和平利用核能的权利而不是伊朗是否利用此种权利来制造核武器。

(二)美土对伊朗拥有核武器所造成的威胁认知不同。无论是以往的克林顿政府、小布什政府,还是如今的奥巴马政府,都将伊朗拥有核武器视为美国及其盟国的重大安全威胁。在2006年的美国国家安全战略报告中,美国视伊朗为独裁国家,是支持恐怖主义活动的国家,"威胁以色列的安全、动摇中东地区的和平、破坏伊拉克的民主、无视人民寻求自由的需求"。② 那么,美国将伊朗视为在中东地区的主要威胁,如若伊朗拥有核武器,这无疑将加重对美国及盟国的安全威胁。共和党议员麦凯恩曾表示,伊朗进行核浓缩铀活动是自冷战结束以来美国所面临最严重的形势。对于一个无核武器的伊朗,美国已经将之视为反恐的巨大障碍,拥有核武器的伊朗对美国而言更是"梦魇"。而土耳其并不认为伊朗拥有核武器所带来的威胁像美国认为的那般严重,在2005年土耳其所公布的国家安全文件中,伊朗已经从土耳其国家安全委员会的威胁国家名单中删除,土耳其将伊斯兰

---

① Mustafa Kibaroglu, Baris Caglar, "The Implications of the Iran Nuclear Issues," *Middle East Policy*, Vol. 15, No. 4, Winter 2008, p. 65.
② Sverre Lodgaard, "Bombing Iran: Is It Avoidable?" Iran's Nuclear Program Realities and Repercussions Abu Dhabi: Emirates Center for Strategic Studies and Research, 2006, p. 113.

宗教激进主义和库尔德分离主义视为最大的安全威胁。① 2010 年，土耳其公布的国家安全政策文件仍将伊朗作为外在威胁。因此，在伊朗所带来的核威胁上，尽管土耳其是伊朗的近邻，即使伊朗拥有核武器，土耳其也不担心伊朗的核威慑。美国华尔街日报记者罗伯特·波洛克采访埃尔多安时曾问道，土耳其是否害怕拥有核力量的伊朗。埃尔多安回答说，土耳其甚至冷战时期也没有害怕拥有核武器的苏联，因为有北约的保护伞，土耳其确信自己是安全的，现在的情况仍是如此。② 土耳其对伊朗核威胁的担忧并不在于伊朗会对土耳其直接进行攻击，而是担忧伊朗拥有核武器会打破地区力量的平衡，同为中东地区的大国，土耳其和伊朗在一定程度上处于战略竞争状态。除此之外，土耳其担忧伊朗拥有核武器会引发地区核军备竞赛，这与土耳其维持地区和平稳定的外交目标相悖。

（三）美土两国在防止伊朗拥有核武器的方式上有所不同。自伊斯兰革命以来，美国对伊朗采取了遏制政策。对于伊核问题，美国采取经济制裁，或者利用联合国通过制裁伊朗的议案，或者采取国际孤立的政策，此外军事打击伊朗和政权更迭从未在美国对伊朗的遏制政策中消失。③ 2006 年 3 月，时任美国副总统切尼在美国以色列公共事务委员会上指出，如果伊朗仍然在核问题上坚持自己的立场，那么伊朗政府应该知道，国际社会会采取措施向伊朗施加压力。④ 奥巴马总统上台之始，在伊朗核问题上摆出了与前任不同的姿态，软化对伊朗的态度，甚至主动接触伊朗。但美国也并未放松对伊朗的制裁，在国内强硬派的压力下，继续向伊朗实施制裁。奥巴马政府

---

① "Turkey to Alter National Security Strategy," http：//www.upi.com/Top_News/Special/2010/08/25/Turkey-to-alter-national-security-strategy/UPI-58161282750850/.
② 李玉东、孙晓敏：《土耳其发展核计划决心已定》，《光明日报》2006 年 4 月 7 日。
③ 岳汉景：《奥巴马政府在伊朗核问题上的困局浅析》，《西亚非洲》2010 年第 2 期。
④ Adam Tarock, "Iran's Nuclear Program and the West," *Tird World Quarterly*, Vol. 27, No. 4, 2006, p. 646.

接触并与伊朗达成协议的决心坚决,并在2015年7月与伊朗达成历史性核协议。

在处理伊核问题上土耳其与美国的方式不同,土耳其主张通过外交和政治对话的接触方式解决伊核问题。伊朗作为国际法的合法行为体,应被纳入国际体系;作为《核不扩散条约》的签字国之一,伊朗有权利和平利用核能。并且,实现中东地区真正和平稳定的唯一方法是销毁此地区所有的大规模性杀伤性武器。① 因此,土耳其认为越是对伊朗实行高压政策,越是容易激起伊朗国内的民族主义情绪,从而进一步稳固伊朗现政权的执政地位。

为了防止美国和伊朗之间关系的僵化,刺激事态进一步升级,同时也为了防止伊朗发展核武器,土耳其利用同时与美伊两国交好的身份,在伊核问题上扮演协调者的角色。土耳其强调采取双轨并行的外交手段,即通过5+1(联合国五大常任理事国加德国)国际谈判和国际原子能框架解决伊核问题,土耳其在这些场合充分发挥调解作用。2006年6月,时任土耳其总统居尔会见了伊朗核谈判代表拉里贾尼,主动提出建议在安卡拉举行伊朗和欧盟最高事务代表之间的谈判。② 2011年1月下旬,在土耳其协调下,新一轮伊核问题谈判在土耳其举行,美国、英国、法国、俄罗斯、中国和德国寻求根本解决伊核问题的路径。尽管这些谈判没有取得实质性进展,却体现了土耳其从中斡旋的作用。

由上可以看出,尽管美国和土耳其是长达半个多世纪的盟国,但在伊核问题上,美土两国并非完全一致,其中的缘由不是表层现象折

---

① Sina Kisacik, "Turkish-Israeli Perspectives on the Nuclear Program of Iran," 17 July 2010, http://www.bilges-am.org/en/index.php?option=com_content&view=article&id=300:turkish-israeli-perspectives-on-the-nuclear-program-of-iran&catid=83:analizler-ortaasya&Itemid=146.

② Sina Kisacik, "Turkish-Israeli Perspectives on the Nuclear Program of Iran," 17 July 2010, http://www.bilgesam.org/en/index.php?option=com_content&view=article&id=300:turkish-israeli-perspectives-on-the-nuclear-program-of-iran&catid=83:analizler-ortaasya&Itemid=146.

射出来的那么简单,美土在伊核问题上的认知分歧上隐藏着深层次的原因。

美国是中东地区的主导国家,在中东地区有不少盟国支持美国的中东政策。作为美国的传统盟国,土耳其更应该在中东问题上支持美国,但是土耳其并没有完全遵循冷战时期"一边倒"的外交政策。美土都未将伊核问题作为孤立的问题,伊核问题还涉及美土两国间其他方面的问题。

(一)利益各异是美土在伊核问题上分歧的根源。1979年伊朗伊斯兰革命以来,美国历届政府都以推翻伊朗政权为目标。无论伊朗与西方国家友好还是敌对,伊朗的政治制度对其他中东国家都会产生负面影响。毫不夸张地说,伊朗与西方国家的关系影响巴以冲突的方向、中东国家的安全、伊拉克与阿富汗的政治稳定,并在很大程度上影响西方与伊斯兰世界的关系。[①]

因此,在美国看来,伊朗问题不是孤立的问题,它会影响到美国在中东地区的信誉和形象,正如有些学者所言,"伊核问题之所以在2005年11月出现激化,深层原因不是核能开发问题,而是自1979年伊朗革命以来美国与伊朗之间高度敌对状态的升级,也是伊朗新政府针对小布什政府的伊拉克战争、大中东民主改造计划以及通过驻伊美军持续向德黑兰施加战略压力等一系列仇视伊朗的政策而采取的强有力政治回击。"[②] 冷战结束后,防止出现地区主导性大国是美国的目标。伊朗是传统中东大国,萨达姆政权被推翻,使得伊朗渔翁得利。如若伊朗拥有核武器,势必对美国中东利益造成威胁,触及美国核心利益。美国在中东地区的另一个重大目标是维护以色列的安全,伊朗拥有核武器将直威胁以色列的安全。

土耳其由于综合实力远不及美国,不会过多考虑伊核问题带来其

---

① Adam Tarock, "Iran's Nuclear Programme and the West," *Third World Quarterly*, Vol. 27, No. 4, 2006, p. 647.

② 朱峰:《伊朗核问题剖析》,《和平与发展》2006年第2期,第19页。

他方面的影响。土耳其最关注的是伊核问题是否给土耳其带来直接威胁，避免由于伊核问题而爆发战争。2005年和2010年土耳其国家安全文件中，土未将伊朗视为国家安全威胁，安全目标是防止周边地区爆发战争，从而维持地区和平与稳定。具体而言，土耳其不担心伊朗的核计划，而是担心美国在中东地区的过度反应，这如同在海湾战争和伊拉克战争中，担忧美国再一次将战争引到土耳其边境。同时，随着民主水平的不断提高、经济的发展，土耳其不希望继续充当阿拉伯世界眼中的美国警察角色，而希望成为地区更加积极、独立的主要参与者。① 土耳其不愿过于刺激伊朗还有另外一层含义，即希望改善与伊朗的关系，以求尽快实现加入欧盟的梦想。欧盟一直在强调申请加入欧盟的候选国必须处理好与邻国的关系，土耳其战略家视中东邻国为中东和欧洲的边界，土耳其通过政治和经济的方式而非军事的方式以维持地区稳定。②

（二）美国和土耳其与伊朗的经贸和能源关系发展程度不同是两国对伊核问题认知不同的重要原因。自1980年美国和伊朗断交以来，政治交恶直接影响着两国贸易来往，两国政府间经贸来往几乎停滞，只有零星的民间经济交流，贸易额在各自对外贸易中的比例相当小。能源上，1996年8月，美国签署了旨在制裁伊朗和利比亚的《达马托法》，该法规定对"在伊朗投资4000万美元以上，帮助其开发石油和天然气资源的外国公司"进行制裁，③ 2001年美国延长了该法。而土耳其作为伊朗的邻国，与伊朗经济和能源关系密切。两国的贸易额从2000年的10亿美元跃升到2010年的100亿美元。2011年2月，

---

① Ozden Zeynep Oktav, "The Limits of Change: Turkey, Iran, Syria," edited by Nursin Atesoglu Guney, *Contentious Issues of Security and the Future of Turkey*, Aldershot, England; Burlington, VT: Ashgate, 2007, p.89.

② Ozden Zeynep Oktav, "The Limits of Change: Turkey, Iran, Syria," edited by Nursin Atesoglu Guney, *Contentious Issues of Security and the Future of Turkey*, Aldershot, England; Burlington, VT: Ashgate, 2007, p.89.

③ 李绍先：《土耳其让美国犯难》，《世界知识》1996年第19期。

两国设定在未来五年双边贸易额超过 300 亿美元。正发党政府连续执政，民意支持率居高不下的原因在于保持了经济快速发展，在 2011 年 6 月举行的土耳其大选中，埃尔多安政府继续高举经济大旗，成功谋求连任。在处理伊核问题上，制裁伊朗不利于土耳其的经贸利益，并会反过来巩固伊朗的强硬政权。[①] 增强与伊朗的经济联系不仅符合土耳其的国家利益，更有利于土耳其正发党政府延续政权。在能源上，伊朗是土耳其第二大能源供应国，土耳其对伊朗的能源极其依赖。2007 年，土耳其与伊朗签署两个能源协议，允许土石油公司开采伊朗的石油和天然气，同时土耳其还是伊朗输出能源的主要中转枢纽，两国在能源转运方面进行合作。由此可见，美国和土耳其在经济和能源上与伊朗的关系亲疏不同，这影响美土两国对伊核问题的认知。

（三）土耳其对美国在核扩散问题上持双重标准不满。在笔者看来，美国和土耳其单就伊朗核计划认知的高度和角度不同。美国担忧伊朗制造核武器，但可以对亲美的中东国家网开一面。正如美国学者所指出的，美国在其他国家发展核武器问题上，有权力决定哪个国家可以发展核武器，哪些国家不可以发展，这已在美国两党中形成了共识；美国有权力确定一个国家是否遵循《核不扩散条约》，作为核不扩散的监督机构国际原子能机构和联合国，如果在调查被监督国核活动时得出的结果和实施的政策与美国意愿相符，这两个机构对美国是有用的，若与美国意愿不符，美国可以忽略或直接否决这两个组织的调查结果。[②] 可以看出，在目前核不扩散国际机制中，美国占据主导地位。很多国家的核活动是否违背国际规则由美国裁定。因而在伊核问题上，美国实质目标不是消除中东地

---

① International Crisis Group, "Turkey's Crises over Israel and Iran," *Crisis Group Europe Report N°*208, 8 Sep. 2010, p. 12.

② Stephen Zunesm, "El-Baradei and the IAEA's Nobel Peace Prize: A Mixed Blessing," *Foreign Policy in Focus*, 13 December, 2005. http://www.fpif.org/articles/el-baradei_and_the_iaeas_nobel_peace_prize_a_mixed_blessing.

区的核武器，而是禁止伊朗制造和拥有核武器。众所周知，在中东地区以色列已成为拥有核武器的准国家，但美国对以色列的核计划从未指责，更谈不上制裁。

土耳其看待伊核问题的视角较宽，它从中东地区无核化角度看待伊核问题。它认为伊核问题仅是中东地区无核化的一个案例和棘手问题，土耳其核政策的目标是实现中东地区无核化。因此，美国应该对所有试图制造核武器的国家采取一致的政策。一定程度上说，以色列已成为事实上的核国家，伊核问题不是一个孤立的问题，与中东地区无核化相互关联。① 埃尔多安曾在接受采访时表示，土耳其不将伊朗视为威胁，但反对任何国家制造和拥有核武器。② 土耳其担心整个中东地区笼罩在核阴影下，这将不符合土耳其的国家利益，但它也反对美国的遏制政策。因为土耳其也在开发和利用核能，计划建设核反应堆。因此支持伊朗和平利用核能，某种程度上也是为土耳其和平利用核能造势，以减少国际社会向土耳其施压。

从地缘角度而言，土耳其是伊朗的邻国，与伊朗已维持了400年的和平关系，两国关系具有牢固的历史基础。且从现实角度看，两国政治经济关系发展顺利。土耳其可借助与伊朗的关系，构建中东政治和经济融合区，突出土耳其的地区大国地位。而美国视伊朗为中东地区的"洪水猛兽"，伊朗在美国眼中是独裁国家、邪恶轴心、支恐国家，是政教合一的国家。因此，美国主张用制裁、政权更迭甚至军事打击手段解决伊核问题。而这些措施会给土耳其带来负面影响，尤其是军事打击，土耳其不允许在其边境上爆发战争。并且，土耳其对美国在核不扩散问题上持双重标准不满，加剧了美土在伊核问题上的分歧。

---

① İlter Turan, "Turkey's Iran Policy: Moving away from Tradition?" *On Turkey*, The German Marshall Fund of the United States, June 25, 2010, p. 2, http://www.gmfus.org/publications/publication_view?publication.id=659.

② Ibrahim Al-Marashi, Nilsu Goren, "Turkish Perception and Nuclear Proliferation," *Strategic Insight*, Vol. VIII, Issue 2, April 2009, p. 4.

二 俄罗斯因素

冷战时期，苏联作为美国和土耳其的共同敌人，是美土结成同盟的基础之一。冷战结束后，苏联解体，其主要的继承国俄罗斯综合国力明显下降，国际地位下降，它对土耳其的安全威胁随之减弱，且冷战结束后土俄在能源和经济上联系不断加强。而美国并没有放松对俄罗斯的警惕，仅是调整冷战时期的遏制政策，美国对俄罗斯的政策有两大目标：一是防止俄罗斯重新成为美国的全球竞争对手；二是将其拉进美国的战略轨道，鼓励俄罗斯实行西方民主制度，推行市场经济。总体而言，美国仍将俄罗斯作为防范对象。在这种情况下，俄罗斯为美土关系增添了不确定因素。

进入21世纪，俄土关系有了很大进展。尽管两国在高加索、中亚地区存在地缘竞争，但竞争烈度赶不上冷战时期苏土间的竞争，以往的冲突已被合作所取代。在和平、发展和合作为主题的时代背景下，"斗则两伤，合则两利"成为各国所秉承的外交思维和原则。互为邻国的俄罗斯和土耳其深知其中的道理，且双方在国家利益上需要对方支持。

在恐怖主义问题上，土俄均深受恐怖主义威胁，土耳其库工党武装屡剿不清，俄罗斯也深受车臣分子之苦。20世纪90年代，两国都曾支持对方国内的恐怖组织，将对方国内的恐怖组织作为利益置换的"筹码"。"9·11"恐怖袭击后，两国在打击恐怖组织上加强合作。

在能源方面，土俄存在很大合作空间。俄罗斯是能源输出大国，并为土耳其最大的能源进口国。土耳其是能源匮乏国家，在能源上依赖俄罗斯，国外进口的65％的天然气和40％的原油来自俄罗斯。[①]两国政治关系升温也很快，2004年12月，时任俄罗斯总统普京访问

---

① Sally McNamara and James Phillips, "Countering Turkey's Strategic Drift," The Heritage Foundation, No. 2442, July 26, 2010, p.5.

土耳其，成为 32 年来第一位访问土耳其的俄总统。普京访问期间两国发表联合宣言，将两国关系定位为"多元伙伴关系"，通过拓展更广泛的共同利益，提升相互信任，提高政治交流层次。除此之外两国还加深经贸关系，2008 年，俄罗斯成为土耳其最大的贸易伙伴国，土俄贸易量是土美贸易量的四倍。① 土俄关系不再剑拔弩张，而是以有效合作为主。

土俄关系的改善和发展对美土关系产生一定冲击。众所周知，美国和苏联在冷战时期互为主要竞争对手。冷战结束后，俄罗斯作为苏联的最大继承国，实行亲西方的外交战略。但美国并未因此放弃对俄的防范，担忧俄罗斯重新成为美国的战略威胁，毕竟俄罗斯是世界上唯一一个可与美国军事抗衡的国家。并且，冷战的结束并不意味着两国在东欧和中亚地缘战略竞争的结束，因此自冷战结束后，美国压缩俄罗斯的战略空间，通过扩大北约将战略腹地推进到俄罗斯周边。在这种背景下，美国不希望自己的盟友与俄罗斯关系过密，可见美国仍然存在冷战思维痕迹。从全球战略看，美国不愿土俄过于接近，因为美国还是希望延续土耳其在冷战时期遏制苏联的"桥头堡"作用，美国认为土俄之间应划清界限。但对土耳其而言，冷战已使其失去许多机会，并在一定程度上压缩了外交空间。因此，不希望延续冷战时期"非敌即友"的外交思维。

"9·11"事件后，在恐怖主义泛滥的国际背景下俄土关系更加亲密，因为两国都深受恐怖主义之害，这为俄土合作拓展了空间。美国防止土俄关系亲近和土耳其为实现本国的利益发展与俄罗斯关系之间形成悖论。在这种情况下，美土根据各自利益的轻重缓急评估俄罗斯因素在两国关系中的作用。对美国而言，若无视土耳其利益，强行干预土俄交往，或者在幕后破坏两国关系，将会进一步拉开美土之间的距离。但对土耳其而言，在发展与俄罗斯关系的同时，也需要顾及

---

① Rajan Menon and S. Enders Wimbush, "The US and Turkey: End of an Alliance?" *Survival*, Vol. 49, Issue 2, 2007, p. 136.

美国的因素。土耳其毕竟是北约成员国,发展与俄关系刺激美国,土耳其不一定从中获利。

数百年来,俄土两国在不同时期都有过帝国扩张的历史,无论是奥斯曼帝国的不断对外扩张,还是苏联为寻求途经土耳其海峡自由航行的不懈追求,土俄处于敌对状态。① 冷战结束后土耳其来自俄罗斯方面的威胁降低。因此美土对俄罗斯的安全评估不同,美国担忧俄罗斯向极权主义方向转变,支持格鲁吉亚和摩尔多瓦的分离主义,以能源为政治工具打击邻国,特别是乌克兰。俄罗斯在国际事务上经常与美国意见相左。尤其是普京当选俄罗斯总统以来,俄罗斯开启强国之路,在国际舞台上显示出强硬外交姿态。美国对俄罗斯在军事、外交上的顾虑,以及俄罗斯的立场日益强硬,使得美国难以将俄罗斯视为友好国家。而土耳其作为世界中等国家,它更关心的是无论军事实力多么强大,俄罗斯只要不对土耳其造成直接威胁,就不必过分为俄罗斯的超强军事实力担忧。土耳其更关心的还是本国国家利益,俄罗斯在实现土耳其经济、能源利益上具有重要作用。

三　以色列因素

"9·11"事件前,以色列对美土关系的影响不大。土耳其和以色列是美国在中东地区的两根重要支柱,两国在中东地区比较友好。土耳其是首批承认以色列的国家,冷战期间两国共同"依偎"在美国保护下,为美中东战略服务。冷战结束后,土耳其和以色列延续了冷战时期的友好关系,尤其在20世纪90年代,两国签署了军事协议。在其他中东国家看来,这不啻两国结成了军事同盟。两国友好关系成为美国中东战略的重要组成部分,这维护了美国在中东地区的霸主地位。美国对土以关系相当满意,对土以发展军事关系表示欢迎,这成为以色列和以穆斯林人口为主的国家间合作的典范。这种关系并加深了三方间的合作,提高了以色列和土耳其的安全,推进其他亲美

---

① 冯绍雷、相蓝欣:《普京外交》,上海人民出版社,2004,第430页。

政权构建中东地区安全机制。①

但"9·11"事件后,尤其是2002年正发党上台以来,土耳其和以色列的关系骤降。土耳其对以色列的巴勒斯坦政策不满,尤其是以色列在加沙地带非人道封锁。2008年12月,以色列发动针对加沙地带的代号为"铸铅行动"的军事活动,这使得土以关系更加恶化。埃尔多安强烈批评以色列在约旦河西岸和加沙地带的政策,指责以色列是"国家恐怖主义"。在2009年的瑞士达沃斯论坛上,埃尔多安不满时任以色列总统佩雷斯针对中东和平进程的言论而愤然离席。土耳其与巴勒斯坦关系趋近,高规格接待了由哈马斯领袖哈立德·马沙尔率领的代表团。但是,土耳其此举并没有同美国和以色列进行协商,这引起两国的极大不满,因为此举会削弱美以两国孤立哈马斯的外交努力。美以两国放弃孤立政策有前提条件,就是接受承认以色列的合法性存在。② 保证以色列在中东地区的安全是美国在中东地区的利益之一,土以外交争端触及美国这一目标,并使美国处于尴尬境地。在整个伊斯兰世界,美国是以色列的坚定支持者。反过来,以色列则被看作美国在中东地区的前哨,不会因为外界环境的改变而改变。③

土以关系急转直下,使美国在中东地区比较为难。美国在中东的两根支柱发生摩擦,原本可以利用两个国家处理中东事务,但祸起萧墙令美国捉襟见肘。土以关系恶化,美国势必在两国矛盾中表现出一定的倾向性。例如,在处理以色列袭击土耳其人道主义救援船时,美国对派遣以色列人组成的调查团表示默许。此举很大程度上刺激了土耳其民众的情绪,引发土耳其政府对美国的不满。其实,美国处理与

---

① Morton Abramowitz, *Turkey's Transformation and American Policy*, New York: Century Foundation Press, 2000, p. 236.

② F. Stephen Larrabee, "Troubled Partnership: US-Turkish Relations in an Era of Global Geopolitical Change," Santa Moncia, CA: RAND, 2010, p. 43.

③ 〔美〕查尔斯·库普乾:《美国时代的终结:美国外交政策与21世纪的地缘政治》,潘忠岐译,上海人民出版社,2004,第347页。

土耳其、以色列三边关系最理想的状态是20世纪90年代的模式，土以合作符合美国利益，一是可以维护美国在中东地区的利益；二是拓宽以色列在中东地区的外交空间。但土耳其加强与伊斯兰国家的联系，在巴以冲突中支持巴勒斯坦，美国欲恢复20世纪90年代的三边关系难度很大。就目前看，一旦土以爆发严重冲突，美国在协调无果的情况下，偏袒以色列的可能性较大。

土以关系危机的导火索是2010年5月以色列海军袭击土耳其前往加沙地带的救援船，以色列政府拒绝对此次事件道歉，这引起土耳其政府的极大不满。埃尔多安在不同场合斥责以色列的暴力行为，袭船事件后土耳其政府随即采取了相应措施，取消原计划与以色列的军事演习，召回驻以色列大使。土以两国在袭击事件上各执一词，争执不下，联合国介入此事调查，"帕勒莫报告"是联合国派遣专人调查后而做出的报告，报告于2011年9月2日公布。土耳其政府认为，报告由美以联手对联合国施压而做出，对土耳其不公。在报告出炉后，以色列政府重申不会向土耳其道歉。在这种背景下，土耳其对以色列采取了进一步的报复性措施。埃尔多安宣布，驱逐以色列大使、停止与以色列的军事合作。同时，增强土耳其海军在东地中海的军事存在，确保土耳其海军利用伊斯肯德伦和阿克萨兹港口基地在东地中海"自由巡逻"，以使该地区处于不断监视中。

由于两国的特殊性以及所处地区的敏感性，土以关系恶化的影响不仅限于双边关系，还将给中东地区稳定造成冲击。土以两国又均与美国保持较为亲密的关系，还将会给美国的中东战略造成影响。土以危机将冲击两国之间的军事关系，若事态进一步恶化，中东地区可能又会多出一对"冤家"，到时以色列在中东地区将更加孤立。两国关系危机将美国置于尴尬境地。土耳其是美国的北约盟友，以色列则是美国在中东的准盟友。土以两国的和睦相处，将有助于美国解决中东棘手问题。但目前两国关系非但不能为美国在处理中东问题上"添砖加瓦"，反而会给美国添堵。若事态进一步恶化，将会导致美国在两个盟友间做出选择，一旦土以走到断交甚至兵戎相见的地步，华盛顿—安卡拉—特拉维夫中东三边关系将不复存在，美国必须权衡美以关系、美土关系，这给美国推行中东战略增添障碍。

土以危机升级后，美国对土以关系展开调解。2011年9月，奥巴马呼吁土以两国改善关系。美国白宫国家安全委员会欧洲事务高级顾问兰达尔表示："土以两国都是我们的盟友，总统非常希望看到两国妥善解决它们之间的问题，并鼓励两国朝该目标努力。"① 时任美国国务卿希拉里敦促土耳其缓和紧张局势，与以色列修复关系。尽管美国极力缓解两国关系，但土耳其不为所动。土耳其认为在以色列未向土耳其道歉前，土以正常关系很难恢复。土耳其显示出与以往不同的强硬立场，尤其针对军事盟友。维护以色列在中东地区的安全是美国自二战以来历届政府的战略利益之一。在美、土、以三国关系中，土以环节出现问题，美国势必在两者之间选择，而纵观美土以三国关系发展史，美以关系要比美土关系更加重要。以色列对美土关系而言是一把"双刃剑"，当土以关系运转良好时，以色列可以深化美土同盟关系，反之当土以关系恶化时，美国仍将会支持以色列在中东地区的地位。当然对以色列的支持，不会特别露骨，毕竟土耳其也是美国的盟友，不会对以色列进行"一边倒"的支持。

四 欧盟因素

加入欧盟是土耳其的外交战略目标，但土耳其在加入欧盟的道路上举步维艰。1959年，土耳其就向欧盟的前身欧洲经济共同体提出成为联系国的申请。1963年，土耳其与欧共体签署《安卡拉协议》，成为欧共体联系国。1987年，土耳其正式提出加入欧共体的申请。1996年，土与欧盟实现关税同盟。1999年底，欧盟给予土耳其候选国地位。2005年10月，欧盟开始同土耳其就正式入盟问题谈判。直到现在，土耳其能否加入欧盟仍旧悬而未决。很大程度上而言，土耳

---

① 《奥巴马称土耳其与以色列均为盟友 呼吁改善关系》，http：//www.huaxia.com/xw/gjxw/2011/09/2592762.html。

第四章 后"9·11"时代影响美土关系的因素

其加入欧盟不仅是双方之间的问题,美国因素亦不容忽视。

美国明确支持土耳其加入欧盟。自土耳其开始申请加入欧盟以来,美国历届总统都在不同场合表态力挺。在1995年土耳其和欧盟签订关税协议时,美国就发挥了很大作用。美国之所以挺土入欧,"是因为土对美具有重要战略价值"。冷战期间,美国将土耳其作为对抗苏联的"桥头堡",吸收土耳其为北约成员,在土耳其驻军。冷战结束后,土耳其成为美国向中亚、高加索和巴尔干地区势力渗透的前沿基地,是美国向这些地区推广民主的样板。1997年5月,时任美国国务卿助理泰尔伯特指出,欧盟应该尽可能显示出包容性、扩大性、综合性。① 土耳其与欧洲的联系是不可逆转、坚不可破的。这是国际现实,不是外在衍生的关系,如果欧盟对申请国家有特殊规定,美国不相信欧盟一体化会完全成功。②

2002年12月哥本哈根峰会前夕,小布什在白宫会见埃尔多安,表示坚决支持土加入欧盟。他还分别致电时任欧盟轮值主席、丹麦首相拉斯姆森及时任法国总统希拉克,希望欧盟尽快与土耳其展开入盟谈判。美国前国务卿鲍威尔也致信欧盟对外事务委员彭定康,要求欧盟降低"门槛",给予土耳其宽松的政策。时任美国国防部副部长沃尔福威茨在伦敦国家战略研究所发表演讲,最能反映美国对土耳其的支持:"欧盟成员国的决议当然应该由欧洲自己来决定,但历史昭示,一个接纳土耳其的欧盟比现在更加强大、安全和多样化。将土耳其排除在外绝对难以理解。"2004年6月,小布什在安卡拉同埃尔多安会晤时重申,美国将尽全力支持土耳其加入欧盟。他还表示,欧盟应该就最终接受土耳其成为会员国的事宜提出具体日期。但美国未实现游说预期目的,欧盟并未为土耳其设定入盟谈判日期。实际上,欧

---

① Morton Abramowitz, *Turkey's Transformation and American Policy*, New Youk: Century Foundation Press, 2000, p. 245.
② Sabrį Sayari, "The US and Turkey's Membership in the European Union," *The Turkish Yearbook*, Vol. 34, 2003, p. 171.

盟对美国官员的施压比较反感，但美国对此不屑。①

尽管美国支持土耳其加入欧盟，但也不愿在该问题上得罪欧盟，以免美国被指责干涉欧盟内政。因此，美国并未要求欧盟修改入盟标准，土耳其加入欧盟不能被视为特例，坚持扩容是欧盟内部事务，欧盟有权遵守这些规则。同时，美国也要求欧盟给予土耳其与其他候选国同等的待遇，为土耳其进入欧盟敞开大门，防止以任何的宗教或文化标准作为加入欧盟的标准。如果土耳其达到了入盟标准，欧盟应将其纳入其中，而不能以任何理由拒绝。美国不希望欧盟以拒绝的姿态疏远土耳其，认为欧盟应为重启谈判设定日期。同时，美国支持土耳其按照欧盟的要求进行政治改革，同时向土耳其施加压力以解决与入盟关系密切的塞浦路斯问题。②

作为全球性大国，美国重视土耳其加入欧盟。正如一位美国官员所说，土耳其融入欧盟是美、土、欧三方未来战略合作的重要目标。冷战结束后，欧洲安全概念发生变化，安全不仅局限于传统的军事范围，还包括非法移民、难民、毒品走私和环保等。在传统安全问题上，美国和欧盟对土耳其认知不同，前者将土耳其视为实现在中东地区国家利益的地缘财富，后者担忧扩大欧洲边界会增加与危险国家为邻的风险。美国支持土耳其加入欧盟，支持土耳其融入西方。如果土耳其被排除在欧盟外，美国担心土耳其会寻找新的、与美不友善的地区盟友。

在土耳其加入欧盟的影响上，美国和欧盟有不同看法。欧盟认为，一旦土耳其加入，将会有许多土耳其公民为了高工资和良好的生活涌入欧洲。并且，考虑到土耳其的人口数量仅次于欧盟成员国德国，欧盟议会和委员会的席位和票数以人口数量为划分标准，因此土

---

① Sabri Sayari, "The US and Turkey's Membership in the European Union," *The Turkish Yearbook*, Vol. 34, 2003, p. 169.

② Sabri Sayari, "The US and Turkey's Membership in the European Union," *The Turkish Yearbook*, Vol. 34, 2003, p. 170.

耳其将凭借人口优势占据不少的席位。而美国不会面临这样的问题。①

对欧盟而言，土耳其是一个不忍拒绝又难以接纳的"他者"。在地缘战略位置上它处于欧洲和中东地区的结合部，中东地区是世界上最不稳定的地区，欧盟不愿被动卷入其中，影响自身稳定。欧盟希望土耳其成为缓冲区，以保证欧洲安全。尽管近年来土耳其经济发展迅猛，但人均经济水平在欧洲处于中下游，民主制度不尽完善，军人干政时有发生。同时，土耳其是有传统伊斯兰教信仰的国家，与欧洲国家有本质差异。且土耳其与常年动荡的中东地区为邻，欧洲国家不希望引火上身。这使得土耳其成为一块"烫手的山芋"，欧盟不敢接。

此外欧盟在是否接纳土耳其入盟上还需考虑美国的因素。欧盟担心如果土耳其加入欧盟，将成为美国安置在欧盟内部的"特洛伊木马"。② 而美国将土耳其加入欧盟看成是战略性问题，加入欧盟意味着土成为西方国家，正式"脱亚入欧"，在身份上确立了土耳其是西方国家，而不再是仅停留在口头上的西方国家。对美国而言，与土耳其同盟关系更加牢固，土耳其将彻底地转向西方，成为美国在中东地区牢不可破的坚定盟友。同时，加入欧盟可以推动土耳其经济发展和政治民主，保持国家稳定。民主制度是美土关系的基础，具有相同的价值观更有利于发展两国关系。美国以支持土耳其加入欧盟，来换取土耳其在中东地区的支持。③

由此可见，土耳其加入欧盟中的美国因素，本质上是美、土、欧三方之间的博弈。美国支持土耳其加入欧盟必须在不触犯欧盟的前提下，将三方置于大西洋同盟框架中，尤其是不能使土耳其加入欧盟成

---

① Sabrı Sayari, "The US and Turkey's Membership in the European Union," *The Turkish Yearbook*, Vol. 34, 2003, p. 173.

② Ian Lesser, "Beyond Suspicion: Rethinking US-Turkish Relations," *Insight Turkey*, Vol. 9, No. 3, July, 2007, p. 51.

③ Sabrı Sayari, "The US and Turkey's Membership in the European Union," *The Turkish Yearbook*, Vol. 34, 2003, p. 171.

为美欧发展关系的负担。在欧盟国家眼中，土耳其是"重要的局外者"，而不是"天然的局内者"。① 尽管土耳其与欧洲的经济水平有差距，但经济差距正在缩小，土耳其的人权纪录也将得到改善。将土耳其稳定在欧洲－大西洋框架下，这将结束长期困扰土耳其"无所适从"的政治身份问题。同时，土耳其将更好地成为美国通往伊斯兰世界的桥梁，在伊斯兰世界发展多元主义。在土耳其入盟上，美国也冒有一定的风险，因为这可能会削弱美土间的安全关系，土耳其逐渐寻求布鲁塞尔而不是华盛顿来界定外交政策，外交政策将更加欧洲化。②

小　结

美土双方仍是塑造两国关系的主体，但美国遍布全球的利益以及土耳其复杂的地缘位置决定了美土关系不是单纯的双边关系。在很多情况下，美土发展关系涉及第三方。对美国来说土耳其没有特别值得关注的地方，正如前美国驻土耳其大使阿布拉莫维兹所言，相较于伊拉克、伊朗、阿富汗、俄罗斯，土耳其并不对美国构成安全威胁。在经济实力上，土耳其不如欧盟、日本、中国，它不像沙特是能源出口国，也不像巴基斯坦和朝鲜一样有核扩散的危险。总之，土耳其很少成为美国《纽约时报》或者CNN的头条。③ 可见，无论在政治上，还是在经济上，土耳其在美国对外战略上的顺序较为靠后。需要明确的是，美国利用土耳其地缘位置的目的是更好地推行其在中东、中亚、高加索以及巴尔干地区的外交战略，最终落脚点不在土耳其上。

---

① "Turkish-US Relations: Convergence Or Divergence: Redefining & Rebuilding," http://www.ilhankesici.org/basindetay.asp? sc = 4&c = 1&bid = 655.
② F. Stephen Larrabee, "Troubled Partnership: US-Turkish Relations in an Era of Global Geopolitical Change," Santa Moncia, CA: RAND, 2010, pp. 111 – 112.
③ Ömer Taspinar, "Obama's Turkey Policy: Bringing Credibility to 'Strategic Partnership'," *Insight Turkey*, Vol. 11, No. 1, 2009, p. 13.

在很多问题上，土耳其在美国外交上起到锦上添花的作用，而非最关键的一环。而反观土耳其，在很多问题上需要美国的支持和帮助，需要美国维护其国家利益。一旦土耳其退出北约，它在中东地区的地位难以得到保证，中东国家已经习惯并且忌惮在北约保护下的土耳其。因此，美土间相互依赖的不对称性，始终影响着两国关系的性质和走向。

当然，随着2008年金融危机的爆发，美国面对着两场战争的"烂摊子"，土耳其对美国的不对称性稍有好转。"9·11"事件后，第三方因素在美土关系中的作用上升。虽然美国在反恐战略上需要土耳其的支持，但这种支持军事意义不大，因为美国有足够的军事实力对付恐怖主义，并且美国还有英法等国的支持。但是，美国需防止土耳其成为恐怖组织藏匿的国家。除在反恐上需要土耳其支持外，美国在推行中东战略、获取能源中转渠道等问题上也需要土耳其的帮助。

第五章
美土关系发展的未来走向及影响因素

美土关系是国际关系中重要的双边关系之一。经过半个多世纪的交往,两国已形成比较成熟的外交发展模式,在摩擦时双方也形成了自我修复机制。并且,美土同为北约盟国,这更进一步从内在机理上巩固了两国的盟友关系。但不能否认的是,随着综合国力的提升,土耳其外交政策的独立性日益增强,其极力争取在国际舞台上发出自己的"声音"。

第一节 影响未来美土关系发展的因素

预测美土未来关系的发展方向比较困难,但却可从两国以往关系发展中探索可能的影响因素。影响美土未来关系的因素可以从两个方面分析:一是以往影响美土关系的因素在未来美土关系发展中将会起到什么作用;二是影响美土未来关系的新因素。

一 以往影响美土关系因素的新进展

综观美土两国60余年的发展历程,有些因素一直影响着美土关系的走向。这些因素不仅是分析美土关系走向的"因子",还是了解两国关系现状的切入点。可以说,这些因素也会影响两国关系的未来。下面就影响美土未来关系发展的因素进行分析。

(一)安全战略合作是二战后影响美土关系发展的首要因素。在土耳其的战略中，安全问题是关乎内外政策每个方面的核心要素。①前文已经提到，冷战时期美土两国都将苏联视为外部主要的安全威胁，也正是这个共同的安全威胁成全了美土冷战时期的同盟关系。而冷战结束至"9·11"事件，北约作为美土同盟的支撑，并未随着冷战的结束而退出历史舞台。冷战结束后，土耳其将库尔德分离主义视为主要安全威胁，因为它直接影响土耳其的主权和领土完整，在打击库尔德分离主义上土耳其需要美国支持。而美国在中东、高加索、巴尔干地区的安全利益同样需要土耳其的协助。在"9·11"事件后，美国将打击恐怖主义作为外交战略的首选。同样，土耳其也面临恐怖主义的安全威胁。所以在美土关系的发展历史中，安全一直是两国特别关注的问题，且双方存在共同关注的安全领域。

当一个国家面临外来威胁时，会寻求军事安全合作，以对付共同威胁。换句话说，一个弱小的国家需要强大盟国的保护。土耳其面临诸多安全挑战，包括不断高涨的库尔德分离主义、伊拉克不断升级的教派暴力。② 在2005年和2010年土耳其公布的国家安全政策文件中，其将库尔德分离主义视为主要的安全威胁。但在伊拉克战争中，美国并未将土耳其这一诉求重视起来，而是为推翻萨达姆政权，联合反萨达姆的伊拉克库尔德人。为实现战后伊拉克的稳定，美国还主张库尔德人进入伊拉克新政府，这引起了土耳其政府的极大不安。在未来对待库尔德人问题上，如果美国和土耳其能够更好地协调，这对未来美土关系发展大有裨益。这需要美国在处理中东事务时，考虑土耳其的利益，在库尔德问题与涉及土耳其其他事务上保持平衡。

在美土关系史上，库尔德问题从未成为两国关系发展的重大障碍。"9·11"事件后，美土两国在库尔德问题上出现分歧。伊拉克战争后，美国对库尔德人的态度发生重大转变，它不主张对库尔德人

---

① Giray Sadik, *American Image in Turkey-U. S. Foreign Policy Dimensions*, Rowman & Littlefield, INC. Lanham. Boulder, New York, Toronto, Plymouth, UK, p. 30.

② F. Stephen Larrabee, "Turkey as a U. S. Security Partner," Santa Moncia, RAND, 2008, p. 3.

采取强硬暴力手段，目的是拉拢伊拉克库尔德人支持美国。土耳其担忧库尔德人实力坐大，影响安全和主权领土完整，因此派兵越境打击库尔德武装组织，这引来美国的极大不满，斥其行为使本已复杂的伊拉克局势更加混乱不堪。土耳其将打击库工党作为维护国家安全的首要任务，并将之作为测试美土同盟关系的"试金石"。①

需要说明的是，土耳其在库尔德问题上是易受害方，虽然美国已将库工党列为恐怖主义组织，但并未遭受库尔德分离主义带来的威胁。库尔德分离主义组织是土耳其的心腹大患，因此美国在处理库尔德问题上必须要考虑土耳其的感受。库尔德问题处理得当可为美土同盟关系增分，反之可能成为未来美土关系的"绊脚石"。土耳其政府已将库尔德分离主义列为头号威胁，在此问题上土耳其不可能让步。美国只有了解库尔德问题对土耳其的重要性，才能考虑到土耳其利益，避免在库尔德问题上与土产生矛盾。但是，库尔德问题并不是一个孤立的问题，伊拉克战争后库尔德问题的国际性特点更加突出。

首先，在有关库尔德问题事务中，美国不可能仅照顾到土耳其的利益。因为库尔德问题与伊拉克的重建有着直接关联，而伊拉克战争是美国顶着巨大国际压力发动的战争，因此伊拉克重建的问题排在美国中东事务较前的位置。在伊拉克重建过程中，美国需要库尔德人的支持，这不仅为了争取更多的支持力量，更是为了组建一个团结统一的伊拉克政权。在这种背景下，一旦土耳其与伊拉克的库尔德人发生冲突，美国的立场很难判断，也许在公开的场合，重拾"打太极"的伎俩，在双方之间进行游说和撮合。但是，暗中仍会以维护美国利益为标准。

其次，库尔德问题在美土关系发展中的复杂性还在于两国欲想实现的目标和利益不同，这是影响未来美土关系的突出问题。土耳其将库尔德问题作为一项长期战略审视，而对美国而言，库尔德问题不会

---

① F. Stephen Larrabee, "Troubled Partnership: US-Turkish Relations in an Era of Global Geopolitical Change," Santa Moncia, CA: RAND, 2010, p. 80.

涉及重大利益，更提升不到核心利益的层面。库尔德问题对美国有两方面意义：一是以打击土耳其库工党为噱头，联合土耳其进行"全球反恐战争"；二是美国将库尔德人作为重建伊拉克的工具。在后伊拉克战争时代，可以预见在各自战略利益驱使下，美土在库尔德问题上还会有分歧，这在多大程度上影响双边关系，需看美土间的协商与各自底线。

（二）土耳其、欧洲和美国之间的三边关系对美土关系的发展具有很大影响。冷战时期，三者在北约框架内组成了所谓的跨大西洋同盟。但在跨大西洋同盟中，土耳其处于一种"悬空"的尴尬位置，自共和国建立以来，土耳其就将融入欧洲视为"西方化"的重要标志，并且土耳其对欧洲的经贸依赖度很大。美国是土耳其最重视的国家，处理好与美国的双边关系是土耳其外交战略目标之一。美、土、欧三方在北约的多边框架中相互合作，关系融洽。冷战结束后，尤其是"9·11"事件后，美欧之间在打击恐怖组织问题上意见不一，大西洋同盟出现裂痕。在伊拉克战争问题上，以法国、德国为代表的传统欧洲强国反对美国发动伊拉克战争，这引起美国极大不满。美国前国防部长盖茨甚至将法德等国称为"老欧洲"，将支持美国发动伊拉克战争的欧洲国家称为"新欧洲"，公然将欧洲一分为二。美欧分歧直接对美土关系产生影响，给夹在美欧间的土耳其制造难题。一定程度上，这涉及土耳其"站队"的问题，如何在欧洲和美国之间寻求外交平衡成为土耳其外交面临的问题。土耳其并不希望将美国或者欧盟作为盟友的相互替代者，因为两者在土耳其的外交战略中同样重要。①

从土耳其角度而言，希望美土欧三边关系和谐。土耳其需要与美国保持战略同盟关系，土耳其如何评估美欧关系，很大程度上取决于

---

① Ömer Taspinar, "The Anatomy of Anti-Americanism in Turkey," Nov. 16, 2005, p. 7. http：//www. brooking s. edu/research/artides/2005/11/16 turkey-taspinar.

未来美欧战略利益是否一致。① 在安全上，美国继续支持土耳其。而在身份上，土耳其希望加入欧盟。但现实问题是，欧洲和美国在中东问题上也有分歧。在未来美土关系中，涉及欧洲因素时需考虑以下问题：一是美欧出现分歧时土耳其的外交走向；二是美欧间在土耳其周边的战略利益是否吻合，一旦美欧间出现不和谐，不仅会对美土关系造成负面影响，并且还会对土耳其加入欧盟造成影响。

从美国角度而言，它希望美欧出现分歧时土耳其站在美国一边，但这难以实现。在美国进攻伊拉克问题上，土耳其实际上站在了欧洲一边。因此，伊拉克战争给美国敲了警钟，应谨慎处理与欧洲、土耳其之间的关系。从另一个层面来说，欧洲也是推动美土关系融洽的重要因素。因为美国在土耳其加入欧盟的问题上持积极态度。2009年4月，奥巴马访问土耳其，他在大国民议会演讲中指出，美国不是欧盟国家，不能对土耳其加入欧盟指手画脚，但美国支持土耳其加入欧盟。然而，如果土耳其延续在伊拉克战争中的表现，美国支持土耳其加入欧盟的态度并非不可逆转，不排除美国以此为抓手对付土耳其。

（三）土耳其高度敏感的民族自尊以及民族主义成为影响美土双边关系的重要因素。由于土耳其曾被西方帝国主义侵略，这促使它形成了强烈且敏感的民族尊严，被侵略的历史导致土耳其形成强烈的反帝国主义民族情绪。这种情绪在土耳其各阶层都普遍存在。② 这使土耳其有时会质疑西方国家发展与自己关系的动机。众所周知，土耳其共和国是在原奥斯曼帝国废墟上建立起来的。老朽的奥斯曼帝国在世界近代史上经历了不堪回首的岁月，在西方帝国主义的侵略下成为"西亚病夫"。尽管在国力上奥斯曼帝国已无法与西方列强相比，但曾经的辉煌铸就了奥斯曼帝国民族自我优越的情绪。

土耳其共和国成立之初，仍受到西方列强的压迫和侵略，并被强

---

① Graham E. Fuller, "Turkey's Strategic Model: Myths and Realities," *The Washington Quarterly*, Vol. 27, Issue. 3, Summer 2004, p. 59.

② Graham E. Fuller, "Turkey's Strategic Model: Myths and Realities," *The Washington Quarterly*, Vol. 27, Issue. 3, Summer 2004, p. 56.

迫签订不平等的《色佛尔条约》，这使得土耳其的民族情绪备受打击，并得上"色佛尔综合征"。因此，不能忽视民族主义在土耳其外交决策中的比重。同时，由于土耳其是信仰伊斯兰教的国家，土耳其人形成了超越国家、超越民族的伊斯兰认同。凯末尔领导土耳其革命，成功进行政治变革，不仅将西方民主作为政治发展方向，并从以往的泛伊斯兰主义、泛奥斯曼主义转向民族主义。[1]

"9·11"事件后，美国在中东地区的单边主义激起了土耳其的民族主义情绪。美国开启伊战后，土耳其国内民族主义更加高涨，土耳其民众认为美国为实现自己的利益而不顾土耳其的利益，"色佛尔综合征"的梦魇又环绕在土耳其民众意识中。笔者认为，这种民族主义意识随着土耳其综合实力的增强而日渐凸显，作为曾经拥有辉煌历史同时受过侵略的国家，土耳其国内压抑多年的民族主义迟早会爆发出来，而这种爆发主要是针对西方国家对土耳其长期蹂躏的回应，这将会给美土关系带来负面作用。

（四）土耳其重要的地缘位置是美国青睐土耳其的重要因素。土耳其处于三大战略交汇点：巴尔干、里海和中东。土耳其不仅是枢纽国家，而且具有影响地区稳定的实力。相反，政治不稳定的土耳其也可能是以上地区不稳定的源头。[2] 随着国际环境的变化、军事科学技术的发达，有些美国学者和政治家指出，应从更为广泛的视角定位美土关系。但需要指出的是，传统的地缘战略学并没有过时，尤其是对利益遍布全球的美国而言，土耳其在其前沿部署战略中意义重大。正如美国著名的政治家基辛格所言："对西方来说，该地区最强大的军事大国土耳其是关键国家，它与西方结盟，对以色列示好，并且其地理位置使其不可或缺，因而对各方都具有重要性。"[3] 土耳其作为

---

[1] 东方晓：《伊斯兰与冷战后的世界》，社会科学文献出版社，1999，第133页。
[2] F. Stephen Larrabee, Ian Lesser, "Turkish Foreign Policy in an Age of Uncertainty," *RAND Report*, 2003, pp. 2–3.
[3] 〔美〕亨利·基辛格：《美国需要外交政策吗？》，中国友谊出版公司，2003，第191页。

"处于美国在欧亚大陆几乎所有重大事件及利益的十字路口上"的国家，无论是在冷战时期，还是冷战结束后，美国将其视为争夺和巩固全球霸权的重要战略"棋子"，因此美国必须加强与土耳其的关系。土耳其与伊拉克、伊朗以及高加索接壤，一旦这些国家出现事端，美国争取土耳其的合作必不可少。

"9·11"事件后，美国更加重视土耳其在反恐战略中的地缘战略位置。土耳其周边是恐怖主义的重灾区，因此在反恐战略中，土耳其的合作至关重要。在伊战前，美国看中了土耳其与伊拉克为邻的位置，高官纷纷赴土游说，希望土耳其在伊战中支持美国。此外，无论是巴以冲突、叙以冲突，还是伊核问题，以及阿拉伯之春，美国在处理这些棘手事务上，均离不开土耳其的支持和帮助。

但需要指出的是，土耳其的地理位置不是先天为美国准备的，土耳其是否能为美国利益服务这在很大程度上取决于土耳其的态度。伊战时土耳其拒绝美国在其本土开辟第二战场就是很好的证明。在美土双边关系中，地缘战略不是孤立的因素，与美土之间的对外战略以及利益的吻合度有很大关系。当前，美国并未在全球掌握绝对霸权，即使是美国的盟国也不会对其完全言听计从。美国不能以过时的眼光看待美土关系，土耳其对美国的依赖度已降低。冷战结束后土耳其在外交上一直寻求独立、多维度政策，试图摆脱以往僵化的"一边倒"的策略。

以上影响美土关系的旧有因素在未来的美土关系中仍旧起着重要作用。需要指出的是，这些因素在新的国际形势下起着与以往不同的作用。以往对美土关系起到积极作用的因素可能会起到负面作用，反之亦然。但这些还不能涵盖影响美土未来关系的全部因素。

二 影响未来美土关系的新因素

美土关系发展比较复杂，难以以静止的方法观察未来动态的发展。在影响未来美土关系上，也将会出现新的因素。其中土耳其国内舆论的力量将在其外交决策中起到重要的作用，因为政府不敢不顾国内民众的主流意见。而美国方面，奥巴马上台执政以来，战略重心转移，这也影响土耳其在美国对外政策中的地位。下文将分析以往在美土关系中发挥较小作用，却对未来发挥重大作用的因素。

（一）土耳其国内政局走向将影响美土关系。上文已有所述，土耳其正发党上台后，调整外交政策，积极扩展在中东、中亚、高加索、巴尔干等地区的影响力，积极地改善同中东、俄罗斯的关系，推行与邻国和睦的外交策略。土外交政策呈现出独立性、平衡性、多样性的特点，并出现"由西转东"的倾向。与此同时，土耳其与美国的关系有一定的疏远。这一切与土耳其政府的外交政策具有很大的关联，土耳其是所谓的民主选举国家，正发党难言在土耳其长期执政，并且其内政外交也会受到其他政党的掣肘。

2015年，土耳其迎来大选年，议会选举将如期而至。但正发党继续执政面临的难度很大，问题很多。一方面是近年来土耳其经济发展式微态势尽显，与正发党执政初的几年相比较，土耳其经济增速明显放缓，失业率上升。在这种情况下，正发党将失去连续执政的优势。另一方面土耳其的外交也面临国内政治力量和民众的诟病。因此，土耳其国内政治环境难言一成不变。一旦土耳其政府发生颠覆性变化，土耳其的外交政策将不可避免地受到影响。现在土耳其有一定的实力的是老牌政党人民共和党。该党的创始人是土耳其国父凯末尔，他在外交上奉行亲美的外交路线。可见，未来土耳其政治格局走势，将对美土关系造成影响。

（二）土耳其舆论日益成为影响美土未来关系的重要因素。一直以来，军队掌握着土耳其外交政策的主流方向，国家安全委员会在土外交中的话语权很重，国内舆论在以往的土耳其外交决策中所占的比重较小。但随着民主化改革的深入，民主化舆论成为政府不能忽视的力量，这也成为影响外交政策的重要"因子"，在美土关系中舆论的力量也占据很大分量。公众的反对是土耳其拒绝美国开辟北方战场的主要原因之一，土耳其国内90%的民众反对美国的入侵行动。伊拉克战争以来，美土关系之间的起起伏伏基本上与土耳其民众对美国的态度相对应。当美国挥舞着"大棒"在中东地区滥用武力时，美国形象骤降，很多土耳其民众认为中东地区最大的安全威胁是美国。2002年的一次民意测验，调查世界上哪个国家是土耳其最好的朋友。27%的被调查者认为美国是土耳其最好的朋友，而认为土耳其没有最好朋友的占33%。但到2006年，这数字发生明显变化，只有13.2%的受访者认为美国是土耳其最好的朋友。①

可见，伊拉克战争后，土耳其民众对美国的好感度下降。政府不能忽视国内舆论的偏向，以往土耳其虽以实现民主为奋斗目标，但很少将民众的意见作为重点考虑的参量。随着土耳其民主化水平的不断提高，政府不能再将国内舆论置之不理，因为这将影响正发党的执政地位。因此，在美土关系的发展过程中，舆论意见将着实成为美土关系的影响因素。舆论作用在土外交政策中的分量上升，为美土关系未来走向增添了不确定性。因为舆论的力量难以控制，非政府可以轻而易举驾驭，并且舆论往往是民族主义的滋生地，处理不当将出现极端的民族主义。美国在中东地区形象一贯不佳，很多国家的民众是敢怒不敢言。土耳其舆论在外交决策中地位上升，无疑对美土关系造成影响。土政府在处理好美土关系的同时，必须兼顾民众情绪。从民主层面看，美国没必要对民众舆论在土耳其外交决策中分量的上升而担忧，相反，应为土耳其民主化水平的提高而感到欣慰。总之，美国面对的是比冷战期间更加民主和发达的土耳其，虽然土耳其的民主尚未达到美国的期望值，但是认识到民主在土外交政策中的力量，美国必须习惯土公众力量在政府决策中地位上升的事实。②

（三）美国外交政策走向对美土关系的影响。目前看，奥巴马政府推行亚太再平衡的同时，在中东地区采取柔性的外交政策，主张与地区国家接触，以和平谈判的方式解决问题，这对发展与土耳其的关

---

① Momer Taspinar, Philip H. Gordon, "Winning Turkey: How America, Europe and Turkey can Revive a Fading Partnership," The Brookings Institution, 2008, p.25.
② Giray Sadik, *American Image in Turkey U. S. Foreign Policy Dimensions*, Lexington Books, 2009, p.34.

系无疑具有积极意义。但奥巴马政府的外交政策不断受到国内的指责。一方认为奥巴马缺乏明确的中东战略,另一方指责美国在中东地区的地位在削弱,地区掌控力在下降。因此,未来美国的外交政策具有一定的不确定性。如果美国未来外交风格强硬的总统上台执政,将调整美国的中东政策,加强中东政策的硬度,对中东地区形势造成冲击。在这种背景下,土耳其将面临新的形势并需适应美国的外交政策。

第二节 美土关系未来的发展走势

国际形势变幻莫测,难以把握。笔者无意在本小节预测美土关系的未来发展趋势,但是美土关系确实走到了相互重新调适的阶段,当前美土关系发展的基础发生了不小变化。

通过对影响美土未来关系发展走势因素的分析,我们无法对美土关系的未来发展方向做出精确预测。但根据各种变量常量因素叠加分析,我们可以得出以下几个假设,这可以为更好地预判美土关系做铺垫。

假设一:土耳其政治伊斯兰化趋强,进一步向伊斯兰认同靠拢,这可能会削弱土耳其世俗主义和西方的价值观,从而对美土关系造成负面影响。前文已有所述,美国之所以看重土耳其,不仅是因为土耳其占据重要的地缘位置,更深层次的原因是土耳其是实行民主制度较为成功的伊斯兰国家。美国不仅可以利用共同的意识形态与土耳其结为同盟,还可利用土耳其的"示范效应",使其他国家得以效仿,这有利于美国实现在中东地区的民主战略。可见,土耳其伊斯兰化将会给美国在中东地区的利益以沉重打击。其实这里面也有三种情况。

一是极端伊斯兰主义思想冲击温和的伊斯兰教,土耳其的主流意识形态发生突变。如果这成为现实,无疑会给中东格局造成地震式影响。延续半个多世纪的美土同盟关系将不复存在,两国可能转友为敌。

二是欧盟继续在土耳其入盟问题上设置障碍,以苛刻的"安卡拉标准"来要求土耳其,在这种情况下不排除土耳其调转外交方向,从根本上扭转土耳其自建国以来的外交战略,彻底放弃亲西方外交,与伊斯兰国家结好,重返伊斯兰认同的原点。这种可能性是存在的,美国前国防部长盖茨曾将土耳其近年来与美国出现摩擦的缘由归咎于欧盟,他认为欧盟的拒绝,迫使土耳其反思外交战略。这种情形将对美土关系造成不利影响。因为美国一直将土耳其视为欧洲国家,土耳其一旦战略方向东移,将对美国在中东的战略造成巨大损失。

三是美国在打击库工党上不支持土耳其,这个问题对美土关系的影响上文已做了分析。在这些情况下,失望的土耳其可能转向伊斯兰国家以取代与西方国家的关系。美土关系将会削弱,土耳其不允许美国使用军事基地,采取亲阿拉伯的立场,淡化与以色列军事合作。土耳其与伊朗的安全合作增强,脱离北约,放弃加入欧盟的战略。①

假设二:在寻求加入欧盟无果后,土耳其国内民族主义盛行,仍继续与美国保持军事关系,但寻求更加独立的外交政策,强化同中东和中亚国家的关系,与俄罗斯的关系将更加紧密,增强两国在经济、军事领域的合作。土耳其在库尔德问题上立场将更加强硬,并采取单边军事行动打击库工党。这种情况下,土耳其的民族主义被激发出来,在涉及核心利益的问题上无法获得美国的有效支持,疑美反美的声音更强。尽管土耳其就综合实力而言,难以称得上世界大国,但作为曾经辉煌帝国的继承国,土耳其有争当世界大国的基因和野心。因此当主动靠拢美西方国家受到冷落时,土耳其难免对发展与美国的同盟关系信心不足。因此从这个角度看,土耳其难以成为美国的伙伴,美国在与土耳其合作上将变得更加困难。

假设三:土耳其军队发动军事政变,美土关系发展方向将难以把控。如果土耳其国内亲伊斯兰力量越过支持世俗化的军方力量的红线,军方会煽动社会力量反对正发党政府,最终迫使其下台。或者军

---

① F. Stephen Larrabee, "Troubled Partnership: U. S. -Turkish Relations in an Era of Global Geopolitical Change," Santa Monica, CA: RAND, 2010, p. 113.

方发动军事政变，迫使正发党政府下台，并解散该党。军方是土耳其现代化的推动力量，是世俗主义的维护者，被认为是土耳其宪法秩序的保护者。土耳其军方曾发动过数次政变，每逢政变后，军方纠正国内政治方向，之后交出手中权力。① 如果正发党越过了土耳其世俗主义底线，可能会出现军事政变。

在这种情况下，美土关系将会受到影响。美国一贯认为军事干政与西方国家所倡导的民主难以相容，军事干政将会影响土耳其的民主化历程，非美国所愿。对于这一假设，2011年土耳其三军统帅的辞职表明暂时不会出现，这也标志着土耳其文武争权中，以埃尔多安为首的文职官员占据了上风。

以上假设主要是围绕土耳其展开。作为世界大国，美国的外交政策具有很强的稳定性，但这并不意味着美国政策稳定不变。美国的外交政策会随着国际形势的变化而相应调整，从而影响对土政策。笔者根据所掌握的资料以及美土近年来双边关系的发展，从美国角度提出几项假设，以对美土关系进行全面研究和分析。

假设一：美国继续忽视土耳其的利益，采取支持库尔德人的政策，这将削弱美土同盟关系。库尔德人分散在四个国家，除土耳其外有伊朗、伊拉克和叙利亚，四国库尔德人间一直保持联系，都怀揣着独立建立库尔德国家的梦想。因此，美国支持库尔德人自然会让其他库尔德人聚集的国家心怀不满。前文已指出，库尔德人在伊拉克重建过程中起着非常重要的作用，时任伊拉克总统塔拉巴尼即是伊拉克库尔德爱国联盟的领导人。而美国与库尔德人过多接触会引起土耳其的疑虑，甚至会使土耳其深感被盟友出卖，这就需要美国在照顾土耳其和库尔德人利益之间进行权衡。一旦伊拉克局势再次出现混乱，不排除美国继续支持伊拉克的库尔德人，以求得伊拉克局势的稳定。当然，美国支持库尔德人和维持与土耳其的同盟关系之间并非绝对矛

---

① F. Stephen Larrabee, "Troubled Partnership: U.S.-Turkish Relations in an Era of Global Geopolitical Change," Santa Moncia, CA: RAND, 2010, p.103.

盾。如果美国希望维持与土耳其的盟友关系，同时还要在伊拉克问题上取得库尔德人的支持，美国需谨慎权衡对土政策。

假设二："阿拉伯之春"进一步在中东地区演变，中东地区出现新的战略格局，美国进一步推动民主战略，培植亲美政权，推动美国和土耳其的合作。在叙利亚问题上，美国将叙利亚政府视为独裁政府，当"阿拉伯之春"的势头蔓延至叙利亚时，美国制裁叙利亚，并要求巴沙尔政权下台。但美国需要在国际社会中寻求联合，以向叙利亚政府施压。一开始土耳其对叙利亚问题犹豫不决，原因有二：一是不希望破坏有所扭转的土叙关系；二是土耳其不主张在其周边地区引爆战争。但当叙利亚国内不稳定局势愈演愈烈，国内暴力事件不断发生，土耳其并未与西方国家尤其是美国的意见产生分歧，而是站在了美国一边，并参加了由法国发起的"叙利亚之友"临时国际联盟。这会扩大美土合作空间。

结束语

一 如何认知"9·11"事件后的美土关系

进入21世纪尤其是"9·11"事件以来,美土关系开始出现松动。正发党的外交政策与以往土耳其传统外交政策不同,不再热衷于亲西方的传统外交政策,逐步向多维度、多元化的方向发展。这对美土同盟是极大考验,美国的学术界和政界出现了"丢失土耳其"和"土耳其战略东移"的声音,担忧可能就此失去这个传统盟友。

两国结盟是否必要,关键看是否存在共同利益,这是两国同盟的基础和前提。苏联的解体并不意味着美土共同利益的消失,而是转化为其他方面的共同利益。冷战结束后,这些共同利益凸显出来。土耳其国家安全的重点转向库尔德分离主义,美国在"9·11"事件后也将重点转移至反恐。因此从理论上说,在打击恐怖主义上两国是有共同利益的。另外,两国在维持中东地区稳定、防止核扩散、能源问题,甚至在土耳其加入欧盟上,都存在着共同利益。然而,美土也存在一定矛盾,在处理伊核问题方式上有分歧,美国担心土耳其加强同伊斯兰国家关系。但两国可以通过协商解决这些问题,不足以撼动美土同盟根基。

埃尔多安政府执政后的一系列举动,在国际上引起不小震动,西方国家认为土耳其的外交方向从此发生转移,西方将失去土耳其,土耳其将加强与东方国家的联系。其实,这些都是对土耳其外交政策的一种误读，土耳其在未来外交政策中仍将西方国家作为主要方向，美土盟友关系在短期内不会发生大的改变。但是，这并不意味着美土现在面临的问题可以忽略不计，如果对这些分歧放任不管，美土之间将不可延续以往的同盟关系。

"9·11"事件后，美土关系表面上看重新进入"冷战轨道"，因为美土之间共同敌人出现，即恐怖主义。但恐怖主义毕竟不是国家行为体，并且恐怖主义所带来的威胁不是稳定、有形的，与苏联带给美土的威胁不同。尤其是在伊战后，美土关系打破"冷战模式"，冷战时期非敌即友的国家关系体现的不那么明显。美国依赖的土耳其地缘位置并没有在伊战中发挥重要价值，土耳其在中东问题上并未对美国唯马首是瞻。因此，笔者认为，必须承认伊战后美土盟友关系已出现裂痕，但同时不能夸大两国的分歧和矛盾，美土之间正经历从冷战向新的国际环境变化的转变。在笔者看来，冷战结束后至"9·11"事件，美土关系是全方位发展的战略伙伴关系，当然这种关系由于北约存在仍具有盟友性质，但内容却与冷战时有很大不同。冷战期间，美土盟友关系主要表现在军事合作方面，在其他方面尽管有所进展，但被军事方面掩盖。此期间，美土共同的威胁苏联已不复存在，两国间在军事以外的交流更加深化，应该说冷战结束后美土关系走上了全面发展道路。两国关系性质发生明显变化，再以苏联威胁套用美土关系性质已不合时宜。缘由来自美土关系基础发生变化。

自冷战结束后，美土两国相关的专家和学者都未曾重新界定美土关系的性质和基础，仅延续冷战时期的盟友模式。"9·11"事件前国际态势未发生大的变革，美土存在的问题并未暴露。但在"9·11"事件后美土之间的问题开始出现，再也无法按照"冷战模式"界定两国关系，两国在冷战时期建立的盟友基础也发生变化。

（一）共同安全威胁在构建美土同盟关系上的分量弱化。冷战时期，美土同盟的基础是苏联威胁，美国需要土耳其作为遏制苏联的"桥头堡"，而土耳其需要美国保护其主权和领土完整。对于土耳其来说，为了抵挡住来自苏联的威胁，土耳其可以放弃部分国家利益，甚至不惜参加与自己完全没有关系的战争。诸如在朝鲜战争中，土耳其曾经派遣军队赶赴朝鲜，参加美国组织的联合国军，这与二战时期土耳其奉行中立政策形成鲜明的对比。在"9·11"事件后，美土之间并不存在苏联那样的威胁。尽管有共同的恐怖主义威胁，但是这种恐怖主义带有很大的模糊性和抽象性。恐怖主义本身是不稳定的、无形的非国家实体。因此，不足以与苏联所带来的威胁相提并论，土耳其支持并辅助美国打击恐怖主义，在很大程度上是道义上的支持，很多情况下美国和土耳其打击恐怖主义是各行其是，并没有太多的公开性合作。因为就具体的打击恐怖主义而言，美国所谓的恐怖主义主要是基地组织，而土耳其所谓的恐怖主义是土耳其库尔德工人党，两国在打击具体的恐怖主义上并没有太多的交集，也就是说美土两国缺乏强有力的共同威胁，再以共同威胁来界定两国合作的基础已经不合时宜。随着土耳其本身实力的上升，在正发党政府的执政下，土耳其在处理有美国插手的国际事务上，其政策的出发点发生了改变，不像以往的完全追随美国，而首先考虑的是本国利益，这意味着土耳其步入正常国家的思维方式。很明显，国家利益已成为当今美土关系的重点，那么美土关系的发展在很大程度上取决于美土两国是否存在共同利益以及两国利益契合点的多寡。

（二）土耳其地缘战略位置已不能成为美国重视与土耳其关系的可靠因素，土耳其的国家认同和外交走向成为影响美土关系的关键。美国著名地缘政治学家布热津斯基将土耳其称为"枢纽国家"。但是，这种优越的地缘战略位置并非在所有条件下均可被美国利用。美国是否能够利用土耳其的地缘位置除需要考虑本国的国家利益之外，还应包括土耳其的认同和外交走向。土耳其在认同问题上是一个矛盾混合体，它是信仰伊斯兰教的国家，但在凯末尔革命后，土耳其实行政教分离，向世俗化发展，将伊斯兰因素剔除在政治层面之外。但伊斯兰教在土耳其已根深蒂固，人为地将伊斯兰教在土耳其完全铲除是不可能的，土耳其中下阶层特别是在广大的农村和城市边缘人群，伊斯兰教的影响力巨大。因此，直到现在土耳其仍旧是亨廷顿所言的

"无所适从国家"。这种无所适从对土耳其外交具有很大影响,如果坚持走世俗化和民主化的道路,以西方认同为追求方向,美土在意识形态上的距离将更加接近,为两国外交奠定良好思想基础。但一旦倒退到伊斯兰教的意识形态,土耳其将外交方向转向伊斯兰国家,这是美国所不愿看到的。因此,以往想当然地将土耳其的地缘战略位置视为美国战略财富的时代已过去。更深一步地挖掘土耳其地缘战略财富背后的因素,将是研究美土未来关系的着力点。

（三）北约是美土关系发展的"黏合剂",它仍会在美土关系的发展中起到重要作用。1952年土耳其正式成为北约成员国,这意味着美国成为土耳其安全保护者,同时在法理上确立了两国的盟友关系,并一直延续至今。在整个冷战期间,美土间的许多外交活动都是在北约框架下进行的。在后冷战时代,尤其是"9·11"事件后,土耳其存有顾虑,即土耳其可能会成为北约安全保护的"灰色区域",当土耳其面临外来威胁时,北约是否会保护土耳其仍是未知数,这很大程度上影响着美土同盟关系。如果北约对土耳其遭受的威胁反应迟缓,可能会引发土耳其和北约之间的危机,在这种情况下不排除土耳其国内会向政府施加压力退出或者暂停北约成员国身份的可能。[1] 北约对美土两国而言,均有束缚作用,美国需通过北约利用土耳其的地缘战略位置以及军事基地,从而压缩俄罗斯的战略空间,并将威慑伊朗的战略性导弹安置在土耳其。土耳其是北约成员国中最接近中东的国家,同时也是唯一一个在中东国家导弹威胁之下的国家。伊朗的Shahab3射程在1300公里,可以达到土耳其东部。土耳其很可能与美国、以色列合作发展地区防御体系,[2] 以进一步对俄罗斯和伊朗进行围追堵截。在北约的框架内,北约不仅是美土同盟关系法理上的依托载体,还是维护美土关系的基础。一旦土耳其退出北约,势必会影响

---

[1] F. Stephen Larrabee, "Turkey as a U. S. Security Partner," Santa Moncia, RAND, 2008, p. 21.

[2] F. Stephen Larrabee, "Turkey as a U. S. Security Partner," Santa Moncia, RAND, 2008, p. 22.

美土关系。

通过对"9·11"事件后美土关系的研究可以发现，美国仍延续着以往处理与土耳其关系的方式方法。但土耳其对美国这种实力不对称的交往方式不感兴趣，希望与美国开展平等交流，不再将外交聚焦于美国，而是要发展多样性外交关系。正如美国研究土耳其的著名学者莱斯所言，土耳其执行的是广泛而不是纵深的外交政策。① 在此背景下，美国不应再固守以往与土耳其的交往方式，而应求变，在实现美国战略目标的同时，应该考虑盟国利益。并且要适应土耳其外交多样性的变化，因为土外交追求多样性的实质是为了完善外交结构，实行更加独立的外交政策。但这并不意味着土耳其实行敌视美国的政策，它是在重视与美国关系的同时，发展与其他国家的关系。如果美国还是一味认为土耳其调整外交是一种"背叛"，将不利于未来美土关系发展。因为，随着综合国力的提升，土耳其外交政策的转变将不可避免，美国仍坚持将土耳其控制在自己的战略轨道内是不现实的，而应充分利用土耳其外交转型，推动美土关系发展。

2007年，土耳其正发党获得连任，新政府宣布土耳其将继续以加入欧盟为指导目标的民主化改革，采取措施解决库尔德问题。② 尽管土耳其长期申请加入欧盟没有结果，国内还出现了放弃加入欧盟、还原土耳其伊斯兰教本质的声音，但这有违凯末尔主义的外交内涵，并且不利于土耳其国家利益的实现。土耳其会继续寻求欧盟成员国身份，努力完成始于凯末尔时期的现代化运动。2010年9月，土耳其修宪公投获得通过，新的宪法削弱了军权，加强了司法独立权。通过这次修宪，土耳其将更符合欧盟的政治体制标准，有助于加入欧盟。并且需要说明的是，土耳其与中东国家、俄罗斯关系升温，并不意味着疏远西方国家，而只是突出中东国家、俄罗斯

---

① F. Stephen Larrabee, "Troubled Partnership: U. S. -Turkish Relations in an Era of Global Geopolitical Change," Santa Moncia, CA: RAND, 2010, p. 50.

② Tarik Oguzlu, "Middle Easternization of Turkey's Foreign Policy: Does Turkey Dissociate from the West?," *Turkish Studies*, Vol. 9, Issue. 1, Mar. 2008, p. 5.

在外交政策中的位置。

当然，土耳其国内的反美主义一直存在，并且在伊拉克战争后达到了高潮，几乎成为世界各国民众调查中最为反美的国家。另外疑欧论在土耳其也有一定市场。必须看到的是，无论是反美主义还是疑欧论，都不是土耳其新出现的现象。冷战时期，美国在处理与苏联的古巴导弹危机时，曾经以撤走在土耳其的"丘比特"导弹为交易"筹码"，这引起土耳其国内一致反对。另外，在20世纪60年代，塞浦路斯危机期间的"约翰逊信件"事件，美国公开站在希腊一边，引起更大一波的反美潮流。至于疑欧论，自凯末尔亲西方外交开始时，这种声音就一直未停息。需要指出的两点，一是在土耳其持反美主义和疑欧论思想的一般都是中下层阶级，其主流阶层对凯末尔的亲西方外交思想矢志不渝，这也就导致反美主义和疑欧论无法在土耳其外交实践中形成很大气候。二是土耳其和西方国家的盟友关系无论多么牢固，都不可能在任何外交事务中达成一致。

必须承认的是，自埃尔多安政府上台以来，土耳其的外交政策确实发生了很大变化，但这并不是实质和根本性变化，加强与伊斯兰国家、俄罗斯的关系仅是对土耳其外交政策的一种补充，而不是替代。它打破了几十年来外交上的一种不平衡，这是对外交政策的一种完善，是在新的安全形势下更好地维护国家安全和利益而采取的举措，这在一程度上体现了土耳其外交政策具有更大独立性。这种转变可能导致西方国家难以适应，从而可能将土耳其与西方国家的利益摩擦扩大化。应该看到的是，与欧洲国家、美国的关系是土外交政策两大基石，无论是在冷战时期，还是在后冷战时代，这种关系并没有发生实质性改变，因为这关系到土耳其外交政策目标的实现：地区强国、国家安全，建设现代、民主、繁荣的社会。土耳其实力有限，无法承担脱离西方所带来的代价。[①] 另外，虽然正发党本身具有伊斯兰色彩，

---

① Sabri Sayari, "Turkish Foreign Policy in the Post-Cold War Era: the Challenge of Multi-Regionalism," *Journal of International Affairs*, No. 1, Fall 2000, p. 182.

并在国际舞台上表现出不与西方为伍的外交姿态,但这在很大程度上是虚张声势,为了获取国内民众的支持。更为现实的是,土耳其具有军人干政的传统,而军方又是世俗主义的坚定捍卫者。1996年伊斯兰政党繁荣党的教训,正发党不可能视而不见。因此,正发党在亲西方的外交道路上还将继续下去。

在可预见的将来,笔者更倾向对美土关系持乐观态度。正如美国总统奥巴马2009年4月在土耳其大国民议会上所言,美国和土耳其不可能在任何问题上都达成共识,任何国家都不能。但两国在过去的60年经受住了诸多考验而并肩作战,基于两国的牢固基础,美土关系将更加紧密,世界将更加稳定。①

二 美土关系对中土关系的启示

中国和土耳其是位于亚洲东西两端的国家,都曾经拥有辉煌的历史。虽然两国相隔遥远,但在古代便开始来往,古代丝绸之路见证了古代中国和土耳其的友好往来。进入20世纪,两国遭遇了相似经历,曾经叱咤于人类发展史上的大国成为西方帝国主义的"砧上肉",任人宰割,两国有志之士都在摸索救亡图存的道路,致力于摆脱西方帝国主义的压迫。

新中国成立后,共产党政权为打破以美国为首的资本主义阵营的外交孤立,采取了"一边倒"的外交政策,加入社会主义阵营。二战后,土耳其摒弃了"中立政策",倒入资本主义阵营。冷战期间,两国分属对立阵营,土耳其又敌视共产主义意识形态,因此中土在冷战初并未建立外交关系,甚至在朝鲜战争还兵戎相见,给两国关系发展留下了不好的历史回忆。到20世纪70年代,随着中国与美国关系缓和,土耳其无法继续敌视中国。1971年中土正式建交,两国关系进入新的发展时期。

---

① Barack H. Obama, "Remarks to the Grand National Assembly of Turkey in Ankara," *Turkey Daily Complication of Presidential Documents*. 4/6/2009, p. 2.

中土关系恢复正常化以来，两国相互敌视的关系有所缓和，但经贸、政治、军事关系发展仍旧缓慢。这在冷战背景下可以理解，毕竟双方的社会制度、意识形态有很大不同。在当时社会制度和意识形态的隔阂下，全球化的速度和规模无法与现在同日而语。双方均将外交工作的重点集中在发展与世界大国、周边国家关系上，而对其他国家重视不够。冷战结束后，虽然双边关系有进一步发展，在经贸、政治交流上有长足发展，但无论在广度还是深度上，皆处于低水平层次。

进入21世纪，美土双边关系有了明显提高。经贸关系有了突飞猛进的发展。1993年，土耳其对中国的出口贸易额仅为5亿美元，1999年下降到3700万美元，但在2003年，又恢复到5亿美元，2006年升至7亿美元，2007年，达到10亿美元，2008年是14.37亿美元。而中国向土耳其出口额的升降趋势与土耳其向中国出口额趋势一致。1993年，中国向土耳其的出口额在2.5亿美元左右，2006年增长到96亿美元，2007年达到132.3亿美元，2008年达到156.5亿美元。2000年，中国成为土耳其第十二大贸易进口国，到2006年已升至第三，仅次于俄罗斯与德国。① 中土贸易取得巨大成就。

中土高层互访不断。2000年时任中国国家主席江泽民访问土耳其，他指出，中土两国必须相互尊重国家统一和领土完整，反对任何形式的国际恐怖主义、民族分裂主义和宗教极端主义。2002年4月，时任中国总理朱镕基访问土耳其，他表示："中国重视与土耳其的贸易逆差问题，中国正努力采取措施，增加从土耳其的进口。"2010年，时任中国总理温家宝访问土耳其，中土双方宣布建立和发展战略合作关系，全面提升各领域友好合作水平，为中土未来发展奠定良好基础。2012年初，时任中国国家副主席习近平访问土耳其，两国领导人在双边关系以及共同关心的地区和国际问题上交换了意见，进一步巩固了两国间的友好关系。近年来，土耳其高层也对中国进行友好

---

① Yitzhak Shichor, "Ethno-Diplomacy: The Uyghur Hitch in Sino-Turkish Relations," Policy Studies 53, EAST-WEST CENTER, 2009, pp. 36 – 37.

访问。2009年，时任土耳其总统居尔访问中国，他重申坚持一个中国的政策。2010年11月，土耳其外长达乌特奥卢访华。两国高层对话和访问随着两国之间关系的提升而逐步增多。

中土两国展开军事合作。2010年，土耳其不顾美国反对，与中国进行"安纳托利亚之鹰"的军事演习，这是中国第一次与北约正式成员国进行联合军事演习。在军备购置方面，土耳其希望从中国购买武器，尤其是中国的防空导弹防御系统，但迫于美国压力，一直未能成行。这至少表明中土两国在军事上有合作潜力和空间。尽管目前两国在军事合作方面合作规模不大，层次不高，但此举为加深两国友谊，推动两国在其他领域的合作和发展，打破西方国家"中国威胁论"起到了积极作用。

对中国而言，不断提升与土耳其的关系，是新国际形势下做出的正确战略选择。首先，中国根据国际格局发展变化，改变了与土耳其交往的标准。冷战时期，以社会制度和意识形态划线的外交标准已被摒弃，和平、发展与合作已成为国际关系发展主流。随着全球化的发展和深入，国家间开展经济合作，维护地区和全球局势和平稳定，愈发成为世界大多数国家所接受的共识。因此，以往非敌即友，通过军事结盟将世界划分为对立阵营的时代已去，国际形势的缓和为改善和发展中土关系提供了良好基础。

其次，中国与土耳其同样面临着国际恐怖主义、民族分裂主义和宗教极端主义三股势力的威胁，在打击"三股势力"上中土两国拥有共同利益。东突分子威胁中国的主权和领土完整，而土耳其位于亚欧结合部，面临着库尔德分离主义的困扰。因此，在打击民族分离主义和恐怖主义问题上，两国具有共同的感受和体会。并且，东突分子利用与土耳其在民族、历史、文化和语言上的共通处，在土耳其组织和实行分裂中国的活动。因此，中国在打击东突分子上，需要土耳其的支持。

第三，中国不能忽视土耳其重要的地缘位置。随着中国综合国力的不断提升，中国海外利益不断增多，土耳其独特的地缘位置可以为中国拓宽经济、军事、能源空间起到积极作用。就经济而言，土耳其的欧盟关税同盟国身份可为中国开拓欧洲市场所用。能源上，土耳其已成为中东、里海地区能源资源外运的中转枢纽，中国需要中东和里海地区的能源，土耳其能源中转枢纽在中国能源进口上能发挥重要作用。

最后，中国利用土耳其外交政策"向东看"的机会，进一步发展与土耳其关系，在共同关注的国际事务上进行合作。自2002年正发党执政以来，土耳其希望拓展外交空间，改变以往单调的外交思维。中国利用土耳其外交调整的机会，深化与土耳其的关系。

新时期，中土外交关系发展并非一帆风顺，而是存在一些障碍和坎坷。一是中土贸易发展不平衡，贸易逆差是横亘在中土两国发展关系中的难题。从下表对比可以看出，

中土贸易关系（1993～2008年）[①]

单位：百万美元

年份	土耳其向中国出口额		土耳其从中国的进口额	
	中国数据	土耳其数据	中国数据	土耳其数据
1993	498	512	166	254
1994	464	355	184	258
1995	144	67	431	539
1996	95	68	408	635
1997	65	44	607	787
1998	43	38	659	846
1999	47	37	636	895
2000	127	96	1078	1345
2001	231	199	676	926
2002	289	268	1089	1368

---

① Yitzhak Shichor, "Ethno-Diplomacy: The Uyghur Hitch in Sino-Turkish Relations," Policy Studies 53, EAST-WEST CENTER, 2009, p. 38.

续表

年份	土耳其向中国出口额		土耳其从中国的进口额	
	中国数据	土耳其数据	中国数据	土耳其数据
2003	533	505	2065	2610
2004	591	392	2822	4464
2005	633	550	4252	6868
2006	765	693	7307	9567
2007	1292	1039	10476	13324
2008		1437		15568

资料来源：国际货币基金组织：《贸易统计年鉴指南》（2000、2007）。《土耳其统计年鉴》（2008），《中国统计年鉴》（2008）

自21世纪以来，除2001年两国贸易额出现下滑外，两国的进出口贸易额呈上升趋势。随着两国贸易的深入发展，贸易逆差不断拉大。从中国商务部公布的两国贸易数据看，2009年至2011年，两国贸易不平衡始终存在。土耳其与中国的贸易处于逆差地位，尽管这不是中国追求的目标，却着实成为中土之间时常被提起的话题，贸易争端在两国间进有出现。第二个障碍是达赖集团分裂势力，土耳其与东突分子保持着或明或暗的来往。20世纪90年代，土耳其甚至公开支持东突分子的分裂活动。在新疆"7·5"事件中，土耳其是世界上为数不多的公开指责中国的国家，诬蔑中国在新疆进行"种族屠杀"。近年来，随着中国综合国力的提升，土耳其在经贸上对中国的依赖不断加深，政府不再公开支持东突分子，而是支持一个中国政策。但这不能保证土耳其在东突问题上立场出现反复。

虽然面临着种种障碍，但中土关系间发展的"亮点"远大于存在的问题。只要双方相互理解，相互尊重对方的核心利益，加强在国际事务上合作，中土关系将会非常光明。

"9·11"事件给国际政治格局带来极大冲击。2008年国际金融危机爆发，国际政治和经济结构进一步松动，以美国为首的西方发达国家实力相对衰落，新兴市场国家崛起，在世界经济中的比重加大。

国际环境的变化影响着双边关系的发展。"9·11"事件后,美土关系的发展经历转型。虽然美土间的同盟战略关系未发生根本性逆转,但在外交上土耳其显示出更大独立性,不再在任何国际事务上与美国保持一致。

中土作为新兴市场国家代表,在全球化时代,需要同舟共济,相互合作。进入21世纪以来,中土关系深入发展,在广度和深度上处于起步上升阶段。作为正在崛起的大国,中国在处理与土耳其关系上经验不多。因此,我们可以从美土关系发展中探索启示。

(一)限制美国对中土关系的影响,积极培养中土全方位双边关系。无论是在冷战时期,还是在冷战结束后,中土关系一直受美国影响。冷战时期,美国作为资本主义阵营的老大,对新成立的中华人民共和国实行外交孤立,经济封锁,并要求盟国追随其对华政策,土耳其也在其中。土耳其为了获取美国的安全保护,唯美国马首是瞻。冷战结束后,美国成为世界上唯一的超级大国,世界安全形势尚不明朗,美国对华实行防范加接触的政策,土耳其仍旧延续冷战时期跟随美国的政策,未形成独立的对华政策。

土耳其之所以如此,笔者认为有两个原因:一是冷战结束后土耳其仍需美国的军事和经济援助,希望尽快实现军事和经济现代化;二是美国可以助推土耳其融入欧洲,以实现凯末尔的"西方化"战略构想。"9·11"袭击和金融海啸极大冲击了国际格局,美国小布什政府采取了强硬的单边主义外交路线,美国为了实现自己的战略意图不惜牺牲盟友利益,在这种情况下,土耳其政府调整外交,两国关系出现裂痕。这在一定程度说明,美土关系非"铁板"一块。在美国肆意在土耳其周边发动战争,土耳其外交独立意识逐渐增强的背景下,美土对诸多问题看法不同。在这种情况下,中国应抓住美土之间出现裂痕的机会,发展中土双边关系,增进彼此了解。

(二)相互尊重对方的核心利益是中土关系顺利发展的最大保障。"9·11"事件后,美土关系之所以出现分歧,很大程度上源于美国并未很好地考虑土耳其的核心利益。库尔德分离主义是土耳其的重大安全威胁，直接影响土耳其的主权和领土完整。在土耳其看来，美国在伊拉克战争中以及战后所推行的库尔德政策，严重助长了库尔德分离主义气焰，这危及土耳其的核心国家利益。中国与土耳其交往时，需照顾到土耳其在库尔德问题上的情绪，这在很大程度上决定着中土关系的发展。当然，对中国而言，库尔德问题还涉及另一层含义，新疆问题同样是中国的核心利益，土耳其需支持一个中国的政策。

（三）加强中土两国传统文化交流，尊重土耳其的伊斯兰教传统，增进民间交流，为两国关系发展奠定良好民间基础。2012年，时任国家副主席习近平访问土耳其，提出中土两国互办文化年，这在中土关系史上尚属首次，是两国双边关系中的一件大事。互办文化年，旨在宣传中土友好，增进传统友谊，为两国文化交流发展提供新的重要平台，使两国民众有机会全面认识和了解对方国家的历史和文化、现状和未来。① 土耳其被亨廷顿称为"无所适从的国家"，政治价值观和传统的宗教信仰相互背离，土实行政教分离制度，但广大民众仍信奉伊斯兰教。伊斯兰教在土耳其拥有深厚的民众基础，并且土耳其的穆斯林与中东国家的穆斯林保持着密切联系。美国在中东地区的形象直线下降，很大原因在于中东国家与美国信仰不同，美国在中东国家强制推行民主，甚至将打击恐怖主义称为新"十字军东征"，这会刺激中东国家的民族主义情绪和自尊心。小布什政府无视穆斯林的情绪，连续发动阿富汗战争和伊拉克战争，很多土耳其民众将美国视为中东安全威胁。因此中国在处理与土耳其关系上，要注意尊重土耳其的民族传统。文化是沟通和增进国家关系的桥梁，因此中土两国政府要共同致力于文化交流，推动中土关系全面发展。

（四）着重拓展中土在国际事务上的合作空间。在很多中东事务中，中土立场相似，可以达成共识。加强国际合作是未来两国关系发

---

① 《习近平接受土耳其〈晨报〉书面采访》，新华网，http：//news.xinhuanet.com/world/2012-02/21/c_111549778.htm。

展可挖掘的"亮点"。自正发党上台执政以来,土耳其在国际舞台上经常顶住美国的压力,做出与其相左的决议。诸如在伊核问题上,土耳其在联合国曾否决制裁伊朗议案。再如土耳其不满以色列的加沙政策,与美国保护以色列安全政策相左。在这些热点问题上,中土两国有很多共识。在伊核问题上,中国不主张动用武力,而是通过政治途径解决该问题。在巴以冲突问题上,中土有相似的立场。因此,在国际舞台上中土可以合作,共同维护国际公平与正义。

中国在与土耳其交往时应警惕两点,一是达赖集团分裂势力。土耳其认为新疆维吾尔族与己同属于突厥民族,有共同的祖先。20世纪90年代,土耳其政府对达赖集团分裂势力的活动采取放纵态度。到21世纪,土耳其政府有所收敛,但要防范土耳其态度的反复。另一点需警惕的是,在可预见的未来,中土关系会继续向前发展,但土耳其的北约成员国身份以及融入西方的战略,使中土关系难以深入发展,尤其在政治和军事方面。

参考文献

一 中文专著

〔苏〕安·菲·米列尔：《土耳其现代简明史》，朱贵生译，生活·读书·新知三联书店，1973。

世界知识出版社编辑《国际条约集（1917~1923）》，世界知识出版社，1961。

〔美〕尼古拉斯·斯皮克曼：《和平地理学》，刘愈之译，商务印书馆，1965。

〔土〕卡密尔·苏：《土耳其共和国》，杨兆钧译，云南大学西南亚研究所，1978。

〔美〕哈罗德·布朗：《美国未来二十年的对外战略》，现代国际关系研究所北美研究室译，时事出版社，1986。

〔美〕兹比格涅夫·布热津斯基：《竞赛方案——进行美苏竞争的地缘战略纲领》，刘晓明、赵滨译，中国对外翻译出版公司，1988。

〔美〕理查德·尼克松：《展望21世纪——和平竞争的胜利》，王卫东等译，书目文献出版社，1989。

杨兆钧：《土耳其现代史》，云南大学出版社，1990。

彭树智：《东方民族主义思潮》，西北大学出版社，1992。

张士智、赵慧杰：《美国中东关系史》，中国社会科学出版社，1993。

〔美〕理查德·尼克松：《超越和平》，范建民译，世界知识出版社，1995。

梅孜主编《美国国家安全战略报告汇编》，时事出版社，1996。

安维华:《海湾寻踪》,时事出版社,1997。

〔美〕塞缪尔·亨廷顿:《文明的冲突与世界秩序的重建》,周琪译,新华出版社,1998。

方连庆:《战后国际关系史(1945~1995)》,北京大学出版社,1999。

左文华、肖宪:《当代中东国际关系》,世界知识出版社,1999。

李庆四:《美国国会与美国外交》,人民出版社,2000。

王缉思、李晓岗:《霸权梦:美国的全球战略》,鹭江出版社,2000。

曲洪:《当代中东政治伊斯兰:观察与思考》,中国社会科学出版社,2001。

高祖贵:《冷战后美国的中东政策》,中共中央党校出版社,2001。

周琪:《美国人权外交政策》,上海人民出版社,2001。

李春放:《伊朗危机与冷战的起源》,社会科学文献出版社,2001。

赵学功:《当代美国外交》,社会科学文献出版社,2001。

李世安:《美国人权政策的历史考察》,河北人民出版社,2001。

周琪:《美国人权政策》,上海人民出版社,2001。

〔美〕约瑟夫·S.奈:《美国霸权的困惑:为什么美国不能独断专行》,郑志国译,世界知识出版社,2002。

郝雨凡:《瞬间的力量:"9·11"后的美国与世界》,新华出版社,2002。

刘云:《土耳其政治现代化思考》,甘肃人民出版社,2002。

刘月琴:《冷战后海湾地区国际关系》,社会科学文献出版社,2002。

黄维民:《中东国家通史——土耳其卷》,商务印书馆,2002。

陈效卫:《美国联盟战略研究》,国防大学出版社,2002。

王鸣野:《美国的欧亚战略与中南亚五国》,新疆人民出版社,2003。

高祖贵:《全球变局美国与伊拉克》,时事出版社,2003。

许嘉:《美国战略思维研究》,军事科学出版社,2003。

〔美〕亨利·基辛格:《美国需要外交政策吗?》,胡利平、凌建平译,中国友谊出版公司,2003。

孙壮志：《中亚安全与阿富汗问题》，世界知识出版社，2003。

潘锐：《冷战后的美国外交政策：从老布什到小布什》，时事出版社，2004。

冯绍雷、相蓝欣：《普京外交》，上海人民出版社，2004。

〔美〕库普乾：《美国时代的终结：美国外交政策与21世纪的地缘政治》，潘忠岐译，上海人民出版社，2004。

中国现代国际关系研究院美欧研究中心编《反恐背景下的美国全球战略》，时事出版社，2004。

〔美〕维斯利·K.克拉克：《赢得现代战争：伊拉克战争、恐怖主义和美利坚帝国》，张旭译，青岛出版社，2004。

张世鹏：《全球化与美国霸权》，北京大学出版社，2004。

〔美〕乔治·索罗斯：《美国霸权的泡沫：纠正对美国权力的滥用》，商务印书馆，2004。

高祖贵：《美国与伊斯兰世界》，时事出版社，2005。

〔美〕罗伯特·阿特：《美国大战略》，郭树勇译，北京大学出版社，2005。

冯绍雷、相蓝欣：《俄罗斯与大国及周边关系》，上海人民出版社，2005。

〔美〕约翰·伊肯伯里：《美国无敌：均势的未来》，韩召颖译，北京大学出版社，2005。

〔美〕兹比格涅夫·布热津斯基：《大抉择：美国站在十字路口》，王振西译，新华出版社，2005。

门洪华：《霸权之翼：美国国际制度战略》，北京大学出版社，2005。

陆俊元：《地缘政治的本质与规律》，时事出版社，2005。

沈伟烈主编《地缘政治学概论》，国防大学出版社，2005。

赵伟明：《中东问题与美国中东政策》，时事出版社，2006。

刘国平：《美国民主制度输出》，社会科学文献出版社，2006。

安维华、钱雪梅：《美国与"大中东"》，世界知识出版社，2006。

肖宪、伍庆玲、吴磊：《土耳其与美国关系研究》，时事出版社，2006。

〔英〕瓦西利斯·福斯卡斯、比伦特·格卡伊：《新美帝国主义——布什的反恐战争和以血换石油》，薛颖译，世界知识出版社，2006。

哈全安：《中东国家的现代化历程》，人民出版社，2006。

刘国平：《美国民主制度的输出》，社会科学文献出版社，2006。

〔美〕邝本德：《美国的困境与出路：新世界的无序状态与谎言》，王喜六、祁阿红等译，文汇出版社，2006。

钱满素：《美国自由主义的历史变迁》，生活·读书·新知三联书店，2006。

阮炜：《地缘文明》，上海三联书店，2006。

王林聪：《中东国家民主化问题研究》，中国社会科学出版社，2007。

〔美〕兹比格纽·布热津斯基：《大棋局：美国的首要地位及其地缘战略》，中国国际问题研究所译，上海人民出版社，2007。

韩召颖：《美国政治与对外政策》，天津人民出版社，2007。

〔美〕斯蒂芬·沃尔特：《联盟的起源》，周丕启译，北京大学出版社，2007。

汪波：《美国中东战略下的伊拉克战争与重建》，时事出版社，2007。

刘晓竹：《权力与正当：美国新保守派的全球战略》，中国妇女出版社，2007。

〔美〕彼得·卡赞斯坦：《地区构成的世界：美国帝权中的亚洲和欧洲》，秦亚青、魏玲译，北京大学出版社，2007。

〔美〕巴里·布赞：《美国和诸大国：21世纪的世界政治》，刘永涛译，上海人民出版社，2007。

〔美〕伊曼纽尔·沃勒斯坦：《美国实力的衰落》，谭荣根译，社会科学文献出版社，2007。

詹世亮：《出使土耳其埃及记》，上海辞书出版社，2007。

熊志勇：《美国政治与外交决策》，北京大学出版社，2007。

葛腾飞、周桂银:《美国政治发展与外交政策》,世界知识出版社,2007。

孙德刚:《多元平衡与"准联盟"理论研究》,时事出版社,2007。

赵国忠:《海湾战争后的中东格局》,中国社会科学出版社,2007。

〔俄〕丘德诺夫:《地缘政治学与世界秩序》,国玉奇译,重庆出版社,2007。

姜琳:《美国保守主义及其全球战略》,社会科学文献出版社,2008。

吴晓春:《美国保守派外交思想及其影响》,知识产权出版社,2008。

王联合:《美国新保守主义:思想沿革与外交影响》,上海辞书出版社,2008。

〔美〕克莱·G.瑞恩:《道德自负的美国:民主的危机与霸权图谋》,程农译,上海人民出版社,2008。

〔美〕弗朗西斯·福山:《美国处在十字路口:民主、权力与新保守主义的遗产》,周琪仪译,中国社会科学出版社,2008。

〔美〕斯蒂芬·M.沃尔特:《驯服美国权力:对美国首要地位的全球回应》,郭盛、王颖译,上海人民出版社,2008。

〔美〕威廉·恩道尔:《石油战争:石油政治决定世界新秩序》,赵刚译,知识产权出版社,2008。

〔法〕菲利普·塞比耶-洛佩兹:《石油地缘政治》,潘革平译,社会科学文献出版社,2008。

刘亚伟、吕芳:《奥巴马:他将改变美国》,社会科学文献出版社,2008。

〔美〕斯蒂文·佩尔蒂埃:《美国的石油战争》,陈葵、杨卫东译,石油工业出版社,2008。

赵学功:《十月风云:古巴导弹危机研究》,天津人民出版社,2009。

〔美〕威廉·恩道尔:《霸权背后:美国全方位主导战略》,吕德宏译,知识产权出版社,2009。

梅仁毅、付美榕主编《变化与延续:"9·11"后的美国》,世界知识出版社,2009。

郑保国:《美国霸权探析》,秀威资讯科技股份有限公司,2009。

周建明:《美国国家安全战略的基本逻辑:遏制战略解析》,社会科学文献出版社,2009。

〔美〕威廉姆·G.多姆霍夫:《谁统治美国:权力、政治和社会变迁》,吕鹏、闻翔译,译林出版社,2009。

〔法〕罗朗·柯恩-达努奇:《世界是不确定的:全球化时代的地缘政治》,吴波龙译,社会科学文献出版社,2009。

〔美〕安德鲁·巴塞维奇:《美国的极限:实力的终结与深度危机》,曹化银、曹爱菊译,中信出版社,2009。

吴征宇:《霸权的逻辑:地理政治与战后美国大战略》,中国人民大学出版社,2010。

刘从德:《地缘政治导论》,中国人民大学出版社,2010。

〔英〕戴维·G.维克托:《天然气地缘政治:从1970年至2040年》,王震译,石油工业出版社,2010。

徐洪峰、李林河:《美国的中亚能源外交(2001—2008)》,知识产权出版社,2010。

哈全安:《土耳其共和国政治民主化进程研究》,上海三联书店,2010。

刘向阳:《强硬背后的美国》,海天出版社,2010。

刘杰:《当代美国政治》,社会科学文献出版社,2011。

孙兴杰:《超级大国与大国》,长春人民出版社,2011。

郭宇立:《美国的大国成长道路:制度治理与战略选择》,北京大学出版社,2011。

颜剑英:《布什时期美国霸权主义的调整与变化》,知识产权出版社,2011。

黄平、倪峰主编《美国问题研究报告(2011)》,社会科学文献出版社,2011。

昝涛:《现代国家与民族建构:20世纪前期土耳其民族主义研究》,生活·读书·新知三联书店,2011。

刘杰:《地缘关系与区域秩序的建构》,时事出版社,2011。

张妍:《信息时代的地缘政治》,世界知识出版社,2011。

〔美〕索尔·伯纳德·科恩:《地缘政治学:国际关系地理学》,严春松译,上海社会科学院出版社,2011。

二 中文论文

朱广祥:《试析以土军事联盟》,《现代国际关系》1996年第6期。

陈德成:《论土耳其埃尔巴坎政府的外交政策》,《西亚非洲》1997年第4期。

陈德成:《土耳其与美国、欧盟、希腊关系刍议》,《西亚非洲》1998年第6期。

孔令涛:《以土军事联盟的背景和影响》,《国际观察》1999年第2期。

杨恕、续建宜:《关于俄罗斯、土耳其、伊朗在中亚的发展的若干问题思考》,《西北民族研究》2001年第1期。

常玢:《地缘政治和宗教因素在国家间关系中的作用》,《世界政治与经济》2001年第3期。

杨鸿玺:《土耳其在美国欧亚战略中的地位与作用》,《和平与发展》2002年第2期。

陈德成:《略论布什政府对土耳其的政策》,《西亚非洲》2002年第6期。

章毅君:《美国的地缘政治战略及二战后的美土关系》,《历史教学》2003年第3期。

方雷:《土耳其加入欧盟的滞障因素分析》,《当代世界社会主义问题》2003年第3期。

董漫远:《伊拉克战争后的土耳其外交》,《国际问题研究》2003年第4期。

章波:《从伊拉克战争看土耳其与美国的关系》,《西亚非洲》

2003年第4期。

刘慧:《俄罗斯与土耳其关系的地缘战略思考》,《俄罗斯中亚东欧研究》2003年第6期。

李满田、高哈吉:《土耳其的欧盟之路》,《欧洲研究》2004年第1期。

闫文虎:《土耳其民族问题及其影响下的对外政策》,《河南社会科学》2004年第3期。

敏敬:《土耳其库尔德民族主义的起落》,《世界民族》2004年第6期。

王泽平:《试析冷战后土耳其的欧盟政策》,《国际问题研究》2005年第2期。

汪波:《美伊战争后土欧关系发展的内在联系分析》,《国际观察》2005年第3期。

〔土耳其〕楚哈尔·耶西尔尤尔特·居恩迪茨:《欧盟对土耳其民主化的影响》,《世界经济与政治》2005年第3期。

吴仪、王伟:《土耳其加入欧盟的政治文化分析》,《湖北大学学报》(哲学社会科学版)2005年第6期。

张健:《试析欧盟对土耳其政策的矛盾性》,《现代国际关系》2005年第6期。

李明明:《包容与排斥:土耳其加入欧盟的认同问题》,《世界经济与政治》2005年第12期。

谢先泽、石坚:《土耳其欧盟之路中的美国因素》,《西南民族大学学报》(人文社会科学版)2006年第6期

汪波:《伊拉克战争前后土耳其与美国、欧盟关系的发展变化》,《西亚非洲》2006年第1期。

刘云:《繁荣党执政与土美关系》,《西北师大学报》(社会科学版)2006年第2期。

张学昆:《土耳其的欧洲身份认同与入盟问题》,《欧洲研究》2006年第4期。

唐志超、李荣：《土耳其积极重振中亚政策》，《亚非纵横》2007年第1期。

葛勇平：《东扩与欧盟未来的困惑——从土耳其入盟的坎坷谈起》，《哈尔滨工业大学学报》（社会科学版）2007年第3期。

闫云丽：《伊拉克战争对土耳其的影响》，《陕西师范大学学报》（哲学社会科学版）2007年第7期。

刘云：《美国与土耳其在伊拉克库尔德问题上的分歧与矛盾》，《河西学院学报》2007年第1期。

丁艳：《试析土耳其在阿以冲突中的立场》，《西南交通大学学报》（社会科学版）2007年第4期。

李秉忠：《土耳其在加入欧盟问题上的基本立场》，《欧洲研究》2008年第3期。

李艳枝：《土耳其库尔德问题的历史变迁》，《国际资料信息》2008年第1期。

李秉忠：《浅析土耳其境内的库尔德人问题》，《世界民族》2008年第3期。

李菊：《冷战后土耳其在美国欧亚战略格局中的地位及作用》，《新疆社会科学》2008年第5期。

章波：《美国对土耳其和伊拉克边境危机的对策》，《西亚非洲》2008年第6期。

张来仪：《21世纪以来的俄罗斯与土耳其关系》，《西亚非洲》2008年第8期。

孙德刚：《土耳其打击库工党的军事政策浅析》，《西亚非洲》2008年第11期。

李鹏涛：《土耳其伊斯兰主义政党对欧洲态度的转变》，《西亚非洲》2009年第4期。

高祖贵、魏宗磊、刘钰：《新兴经济体的崛起及其影响》，《国际资料信息》2009年第8期。

张来仪：《新世纪土耳其与伊朗关系走向探析》，《西亚非洲》

2009 年第 8 期。

刘兴华：《土耳其入欧盟：战略价值与认同差异的角力》，《外国问题研究》2010 年第 2 期。

郑春荣：《德国新政府在土耳其入盟问题上的立场》，《德国研究》2010 年第 2 期。

汪波：《土耳其加入欧盟进程中的库尔德问题》，《国际观察》2010 年第 4 期。

敏敬：《石油重镇基尔库克归属问题及其影响》，《阿拉伯世界研究》2010 年第 3 期。

三 外文专著

Abramowitz, Morton, *Turkey's Transformation and American Policy*, New York: Century Foundation Press, 2000.

Abramowitz, Morton, *The United States and Turkey: Allies in Need*, New York: Century Foundation Press, 2003.

Aydin, Mustafa, *Turkish-American Relations: Past, Present and Future*, London: Routledge, 2004.

Baltrusaitis, Daniel F., *Coalition Politics and the Iraq War: Determinants of Choice*, Boulder, Colo.: First Forum Press, 2010.

Bölükbasi, Süha, *The Superpowers and the Third World: Turkish-American Relations and Cyprus*, Lanham, M.D.: University Press of America; The Miller Center, The University of Virginia, 1988.

Callaway, Rhonda L., Matthews Elizabeth G., *Strategic US Foreign Assistance: the Battle between Human Rights and National Security*, Aldershot, Hampshire: Ashgate, 2008.

Campany, Richard C., *Turkey and the United States: the Arms Embargo Period*, New York: Praeger, 1986.

Chase, Robert, *The Pivotal States: a New Framework for U. S. Policy in the Developing World*, New York: W. W. Norton, 1999.

Eligur, Banu, *The Mobilization of Political Islam in Turkey*, Cambridge: Cambridge University Press, 2010.

Hale, William M., *Islamism, Democracy, and Liberalism in Turkey: the Case of the AKP*, Milton Park, Abingdon, Oxon; New York: Routledge, 2010.

Heraclides, Alexis, *The Greek-Turkish Conflict in the Aegean: Imagined Enemies*, Houndmills, Basingstoke, Hampshire; New York: Palgrave Macmillan, 2010.

Harris, George S. *Troubled Alliance: Turkish-American Problems in Historical Perspective*, 1945 – 1971, Washington: American Enterprise Institute for Public Policy Research, 1972.

Hollander, Paul, *Understanding Anti-Americanism: its Origins and Impact at Home and Abroad*, Chicago, Ill: Ivan R. Dee, 2004.

Kramer, Heinz, *A Changing Turkey: Challenges to Europe and the United States*, Washington, D. C.: Brookings Institution Press, 2000.

Lahlos, Sophia, *Turkey: Current Issues and Background*, New York: Nova Science Publishers, Inc., 2003.

Meho, Lokman I., *The Kurdish Question in U. S. Foreign Policy: a Documentary Sourcebook*, Westport, Conn.: Praeger, 2004.

Rustow, Dankwart A., *Turkey, America's Forgotten Ally*, New York: Council on Foreign Relations, 1987.

Rubin, Barry, *Turkey in World Politics: an Emerging Multiregional Power*, Istanbul: Bogazici University Press, 2002.

Stearns, Monteagle, *Entangled Allies: U. S. Policy toward Greece, Turkey, and Cyprus*, New York: Council on Foreign Relations Press, 1992.

Uslu, Nasuh, *The Cyprus Question as an Issue of Turkish Foreign Policy and Turkish-American Relations*, 1959—2003, New York: Nova Science Publishers, 2003.

Uslu, Nasuh, *The Turkish-American Relationship between 1947 and*

2003: *the History of a Distinctive Alliance*, New York: Nova Science Publishers, 2003.

四 外文论文

Abramowitz, Morton, and Barkey, Henri J., "Turkey's Transformer," *Foreign Affairs*, Nov./Dec. 2009.

Aras, Bulent, and Toktas, Sule, "Al-Qaida, 'War on Terror' and Turkey," *Third World Quarterly*, Vol. 28, No. 5, 2007.

Athanassopoulou, Ekavi, "American-Turkish Relations since the End of the Cold War," *Middle East Policy*, Vol. 8, No. 3, Sep. 2001.

Bacik, Gokhan, and Aras, Bulent, "Turkey's Inescapable Dilemma: America or Europe," *Turkish Journal of International Relations*, Vol. 3, No. 1, Spring 2004.

Boyer, Spencer P., Katulis, Brian, "The NeglectedAlliance: Restoring U. S.-Turkish Relations to Meet 21st Century Challenges," *Center for American Progress*, Dec. 2008.

Brown, Cameron S., "Turkey in the Gulf Wars of 1991 and 2003," *Turkish Studies*, Vol. 8, No. 1, Mar. 2007.

Cakmak, Cenap, "Human Rights, The European Union and Turkey," *Turkish Journal of International Relations*, Vol. 2, No. 3&4, Fall & Winter, 2003.

Danforth, Nicholas, "Ideology and Pragmatism in Turkish Foreign Policy: from Ataturk to the AKP," *Turkish Policy Quarterly*, Vol. 7, No. 3, 2004.

Flanagan, Stephen J, Brannen Samuel J., "Turkey's Shifting Dynamics: Implications for U. S.-Turkey Relations," *A Report of the U. S.-Turkey Strategic Initiative*, CSIS, June 2008.

Fuller, Graham E., "Turkey's Strategic Model: Myths and Realities," *The Washington Quarterly*, Summer 2004.

Giraldi, Philip, "Turkey and the Threat of Kurdish Nationalism," *Mediterranean Quarterly*, Vol. 19, No. 1, Winter 2008.

Göksel, Nilüfer Karacasulu, "The Post-Cold War US-Turkey Partnership," *Review of Social, Economic& Business Studies*, Vol. 7/8, 2004.

Gordon, Philip H. and Taspinar, Omer, "WinningTurkey: How America, Europe and Turkey Can Revive a Fading Partnership," Brookings Institution Press, 2008.

Gordon, Philip, and Taspinar, Omer, "Turkey on the brink," *The Washington Quarterly*, Vol. 29, No. 3, Summer 2006.

Grigoriadis, Ioannis N., "Friends No More? The Rise of Anti-American Nationalism in Turkey," *Middle East Journal*, Vol. 64, No. 1, Winter 2010.

Grigoriadis, Ioannis N., "The Davutoglu Doctrine and Turkish Foreign Policy," *Working Paper* No .8/2010, Middle Eastern Studies Programme, Apr. 2010.

Gunter, Michael M., "The U. S. -TurkishAlliance in Disrray," *World Affairs*, Vol. 167, No. 3, Winter 2005.

Gunter, Michael M., "Turkey's Floundering EU Candidacy and its Kurdish Problem," *Middle East Policy*, Vol. 14, No. 1, Spring 2007.

Hakki, Murat Metin, "Turkey and the EU: Past Challenges and Important Issues Lying Ahead," *Turkish Studies*, Vol. 7, No. 3, Sep. 2006.

Inal, Nuray Nazli, "Turkey-U. S. Diplomatic Relations Strained," *Communiqué*, Vol. 17, No. 3, Oct. 29, 2007.

Kirisci, Kemal, "The Kurdish Question and Turkey: Future Challenges and Prospects for a Solution," *ISPI Working Paper*, Issue24- Dec. 2007.

Koprulu, Kemal, "Paradigm Shift in Turkey's Foreign Policy,"

Brown Journal of World, Vol. XVI, Issue I, Fall/Winter 2009.

Kramer, Heinz, "Turkey and the EU: The EU's Perspective," *Insight Turkey*, Vol. 8, No. 4, Oct. -Dec. 2006.

Larrabee, F. Stephen, "Turkey as a U.S. Security Partner," Santa Monica, RAND, 2008.

Larrabee, F. Stephen, "Troubled Partnership: U.S. -Turkish Relations in an Era of Global Geopolitical change," Santa Monica, CA: RAND, 2010.

Larrabee, F. Stephen, and Lesser, Ian O., "Turkish Foreign Policy in an Age of Uncertain," RAND 2003.

Lesser, Ian, "Turkey, the United States and the Delusion of Geopolitics," *Survival*, Vol. 48, No. 3, Autumn, 2006.

Lesser, Ian, "Beyond Suspicion: Rethinking US-Turkish Relations," *Southeast Europe Project*, Oct. 2007.

Lewis, Jonathan Eric, "Replace Turkey as a Strategic Partner," *Middle East Quarterly*, Spring 2006.

McNamara, Sally, "Countering Turkey's Strategic Drift," *The Heritage Foundation*, No. 2442, July 26, 2010.

Menon, Rajan, Wimbush, S. Enders, "Is theUnited States Losing Turkey?," *Hudson Institute*, 12 March 2005.

Migdalovitz, Carol, "Turkey Update on Crisis of Identity and Power," CRS Report for Congress, September 2, 2008.

Migdalovitz, Carol, "Turkey: Issues for U.S. Policy," *Report for Congress*, May 22, 2002.

Murinson, Alexander, "The Strategic Depth Doctrine of Turkish Foreign Policy," *Middle Eastern Studies*, Vol. 42, No. 6, Nov. 2006.

Olson, Robert, "Views from Turkey: Reasons for the United States War against Iraq," *Journal of Third World Studies*, Vol. 22, No. 2, Fall 2005.

Park, Bill, "Between Europe, the United States and the Middle East: Turkey and European Security in the Wake of the Iraq Crisis," *Perspective on European Politics and Society*, Vol. 5, No. 3, 2004.

Park, Bill, "US-Turkish Relations: can the Future Resemble the Past?," *Defense & Security Analysis*, Vol. 23, No. 1, March 2007.

Parris, Mark, "Allergic Partners: Can US-Turkish Relations Be Saved?," *Turkish Policy Quarterly*, Vol. 4, No. 1, Spring 2005.

Parris, Mark R., "Starting over: US-Turkish in the Post-Iraq War Era," *Turkish Policy Quarterly*, Vol. 2, No. 1, Spring, 2003.

Prevelakis, Constantions, "Euro-Atlantic or Middle Eastern Turkey Seeks a Strategic Compromise," *European Strategic Intelligence and Security Center*, 28 June, 2010.

Robins, Philip, "The Opium Crisis and the Iraq War: Historical Parallels in Turkey-US Relations," *Mediterranean Politics*, Vol. 12, No. 1, March 2007.

Robins, Philip, "Turkish Foreign Policy since 2002: between a 'Post-Islamist' Government and a Kemalist State," *International Affairs*, Vol. 83, No. 1, 2007.

Rubin, Michael, "Turkey, from Ally to Enemy," *Commentary*, July/August 2010.

Tekin, Ali, and Walterova Iva, "Turkey's Geopolitical Role: the Energy Angle," *Middle East Policy*, Vol. 14, No. 1, Spring 2007.

Walker, Joshua W., "Reexamining the U.S.-TurkishAlliance," *The Washington Quarterly*, Vol. 31, No. 1, Winter 2007.

Yilmaz, Suhnaz, "Challenging the Steretypes: Turkish-American Relation in the Inter-War Era," *Middle Eastern Studies*, Vol. 42, No. 2, Mar. 2006.

五　有关档案及报纸

State Department of theUnited States, Foreign Relations of the United States.

State Department of theUnited States, National Security Strategy.

Defence Department,"Quadrennial Defense Review".

New York Times

Washington Post

Turkish Daily Time

《环球时报》

《参考消息》

新华网

图书在版编目(CIP)数据

后"9·11"时代美国和土耳其关系研究/郑东超著
.--北京：社会科学文献出版社，2016.6
("瞻前顾后"看世界书系)
ISBN 978-7-5097-8486-0

Ⅰ.①后… Ⅱ.①郑… Ⅲ.①国际关系-研究-美国、土耳其-现代 Ⅳ.①D871.22②D837.42

中国版本图书馆 CIP 数据核字（2016）第 119477 号

"瞻前顾后"看世界书系
后"9·11"时代美国和土耳其关系研究

著　　者 / 郑东超

出 版 人 / 谢寿光
项目统筹 / 祝得彬
责任编辑 / 赵怀英

出　　版 / 社会科学文献出版社·当代世界出版分社（010）59367004
　　　　　地址：北京市北三环中路甲 29 号院华龙大厦　邮编：100029
　　　　　网址：www.ssap.com.cn
发　　行 / 市场营销中心（010）59367081　59367018
印　　装 / 北京季蜂印刷有限公司

规　　格 / 开　本：787mm × 1092mm　1/16
　　　　　印　张：10.75　字　数：153 千字
版　　次 / 2016 年 6 月第 1 版　2016 年 6 月第 1 次印刷
书　　号 / ISBN 978-7-5097-8486-0
定　　价 / 59.00 元

本书如有印装质量问题，请与读者服务中心（010-59367028）联系

▲ 版权所有 翻印必究